I H♠TE BERLIN

I H♥TE BERLIN

Unsere überschätzte Hauptstadt

Herausgegeben von Moritz Kienast

Lübbe Ehrenwirth

Die Cartoons für diesen Band wurden angefertigt von
Claas Janssen (Zeichnungen) und Tommy Mayer (Text).

Sämtliche der hier versammelten Texte sind Originalbeiträge. Davon
ausgenommen sind die genehmigten Abdrucke der Beiträge von
Matthias Politycki (aus: *Vom Verschwinden der Dinge in der Zukunft.
Bestimmte Artikel. 2006–1998.* Copyright © 2007 by Hoffmann und Campe
Verlag, Hamburg), Stephan Reimertz (erschienen in: *Frankfurter Allgemeine
Zeitung* vom 8. Dezember 2005. Copyright © by Stephan Reimertz)
und Christiane Rösinger (aus dem Soloalbum *Songs Of L. And Hate*,
Berlin 2010. Copyright © by Christiane Rösinger).

FSC
MIX
Papier aus verantwor-
tungsvollen Quellen
FSC® C006701
www.fsc.org

Dieser Titel ist auch E-Book erschienen

Lübbe Ehrenwirth in der Bastei Lübbe GmbH & Co. KG

Originalausgabe

Copyright © 2011 by Bastei Lübbe GmbH & Co. KG, Köln

Umschlaggestaltung: Manuela Städele
Umschlagmotiv: © Shutterstock/Adrian Niederhäuser
Satz: Dörlemann Satz, Lemförde
Gesetzt aus der Centennial
Druck und Einband: CPI – Ebner & Spiegel, Ulm

Printed in Germany
ISBN 978-3-431-03847-7

5 4 3 2 1

Sie finden uns im Internet unter: www.luebbe.de
Bitte beachten Sie auch: www.lesejury.de

An Berlin

Wie ich dich hasse
und alle die in dir hausen,
diese kompakte Masse
elender Banausen.

Christian Morgenstern

Inhalt

STEFAN BEUSE

Null-drei-null: Offener Brief an die Hauptstadt

Um die Wahrheit zu sagen, Berlin: Leiden konnte ich dich noch nie. Ich konnte dich schon nicht leiden, bevor ich dich überhaupt kennengelernt habe. Das fing in der Schule an, kurz vorm Abitur. Da haben sich plötzlich alle Gedanken gemacht, was sie denn werden oder studieren wollen und wie ihr Leben verlaufen soll, und ein nicht geringer Teil meiner Mitschülerinnen und Mitschüler ließ im Rahmen solcher Gedanken mit einer aufgeblasenen Dummdreistigkeit, dass einem sämtliche Zehennägel aufrollen, verlauten: »Also, ich geh erst mal nach Berlin.« Als hätte sich damit jede Diskussion erübrigt. Als wäre man allein durch die Absicht, ins Gelobte Land zu ziehen, schon jeder Verantwortung enthoben und hätte einen Orden für besondere Coolness verdient, für Wildheit, Freiheit, Unabhängigkeit.

Muss ich erwähnen, dass die Leute, die nach Berlin wollten, zwar die ausgeflipptesten Frisuren und crazysten Klamotten trugen, im Kern aber die langweiligsten, spießigsten, faulsten und unbegabtesten Menschen waren, die sich nur denken lassen? Dass sie im Grunde nur nach Berlin wollten, um unter den anderen langweiligen, spießigen, faulen und unbegabten Menschen nicht aufzufallen?

Seit Anbeginn der Zeit rotten sich Menschen wegen ihrer Langweiligkeit, Spießigkeit, Faulheit und Unbegabtheit in Berlin zusammen, um zu feiern, dass es noch mehr von ihrer Sorte gibt. Sie fühlen sich wie der Nabel der Welt, einzig weil sie in Berlin leben und weil Berlin, das weiß ja jedes Kind, abgefahren und lässig und vor allem: totaaaaal kreativ ist. – Wer hat diesen Unsinn eigentlich zuerst behauptet? Und wer sagt uns, dass ein hundert Jahre alter Mythos nicht längst vor dem Geruch aus defekten Gasleitungen, Hundehaufen und abgestandenen Milchschaumgetränken geflohen ist?

Mal Hand aufs Herz, Berlin: Was unterscheidet dich und deine Berliner von der hilflosen Identifikation von Fußballfans mit ihrem Verein? Also dieser allerstumpf-festen Sorte Fans, die den Verein brauchen, um die leblose Hülle ihres Lebens mit etwas zu füllen, und deswegen total aufgehen in dem Gefühl, Teil eines Ganzen zu sein, damit sie überhaupt etwas sind. Ob nun BVB, Papst oder Berlin, ist egal.

»Ich komme zwar aus Castrop-Rauxel«, denken die Leute, »aber wenn ich erst mal in Berlin bin, wird alles anders. Ich werde Castrop-Rauxel und alles Castrop-Rauxeleske hinter mir lassen wie eine alte Larve. Wenn ich in Berlin bin«, denken die Leute, »wird das Berlin-Licht in mir angeknipst. Dann kann ich sagen, dass ich aus Berlin bin, man wird es mir *ansehen*, das ist wie ein Schild, hinter dem ich mich verkriechen kann und das mir erst mal Respekt einbringt.« Ey, Bärliiiiiihhn, äch? Krass, Digger, da geht doch einiges, oder?

Ehrlich, Berlin, wie fühlt sich das an, so als Schmelz-tiegel für Idioten, Verlierer und Zukurzgekommene? Die unerträgliche Anmaßung chronisch unverstandener selbst ernannter Künstler von der Sorte: Ich kann nichts, also hänge ich in Cafés rum, trinke Zeitgeist in Form von Milchschaumirgendwas und halte an meinem Laptop

Ich
Berl
arbei
meinem Projekt
Ich sitze in Berlin und arbeite an meinem Projekt
H SITZE IN
RLIN UND
BEITE AN
NEM PR
Ich sitze in Berlin und arbeite an meinem Projekt

vorbei Ausschau nach Frauen, denen ich von meinen
»Projekten« erzählen kann? Kannst du da noch in den
Spiegel sehen und sagen: »Ich bin Hauptstadt«? Hauptstadt von was denn? Von Hilflosigkeit? Erbärmlichkeit?
Dummheit? Willst du dich da nicht aus Scham selbst
zum Ghetto erklären, eine Dornenhecke um dich herum
wachsen lassen und dich umgeben mit einer Wüste, ge-
formt aus den Rudimenten des Landes Brandenburg,
damit kein guter Mensch sich durch Zufall in dich verlaufen kann?

Ich will nicht unfair sein, Berlin. Vielleicht liegt es ja
gar nicht an dir. Vielleicht sind es die Leute, die in dir
wohnen. Vielleicht hast du echt schöne Seiten. Wälder
und Seen und so Zeug. Malerische Viertel. Aber die sind
dann eben gut versteckt. Oder ich sehe das alles einfach
nicht. Vielleicht bist du so was wie das Gleis neundrei-
viertel für mich, und ich gehöre nicht zu den Auserwähl-
ten und bin vollkommen blind für deinen Zauber.
Könnte ja sein.

Kennst du das, wenn man im Sommer ein halb-
volles Honigglas in einiger Entfernung von sich auf die
Veranda stellt, damit einen die Bienen in Ruhe lassen?
Das ist praktisch, weil alle Störenfriede sich an diesem
gefakten It-Place sammeln, der durch einen ziemlich
plumpen und maximal durchschaubaren primären Reiz
eine große Anziehungskraft auf die lästigen Quälgeister
ausübt. Dieses Honigglas bist du, Berlin, und dafür werde
ich dir ewig dankbar sein. Mit großer Zuverlässigkeit
saugst du uns Jahr für Jahr den Mist aus den Städten,
Dörfern und Gemeinden, und wenn der Beutel voll ist,
eröffnest du einfach neue Klubs und Cafés und errich-
test neue Büronutzflächen, damit auch die *Bild*-Zeitung
noch Platz findet und was wir sonst alles nicht mehr

brauchen. Das ist sehr nett, Berlin. Dafür verzeihe ich
dir sogar diese unerträglich geduckte, mies-vergrätzte
Übellaunigkeit und den entsetzlichen Dialekt, der immer klingt wie Harald Juhnke kurz vorm Sturz von der
Bühne.

Natürlich gibt es auch ein paar sehr-sehr nette Menschen in Berlin. Gute Lokale, okaye Locations. Aber die
gibt es überall. Und das reicht einfach nicht, Berlin, tut
mir leid. Es reicht einfach nicht, um diesem Brief am
Ende dann doch noch den zu erwartenden Dreh in Richtung »Aba trotzdem tu ick dir irgendwie lieben, wa?« zu
geben.

Dabei habe ich es wirklich versucht. Bei jedem neuen
Besuch. Immer wieder. Stell dich nicht so an, hab ich
mir gesagt. Das kann doch wohl nicht sein, dass alle immer hierhin wollen, und du spielst den Miesepeter. Mach
dich mal locker, habe ich mir gesagt, immer wieder. Du
bist voller Vorurteile. Sieh doch, wie schön der Rhodo-
dendron blüht! Und horch: Der Buchfink singt sein Lied!
Aber dann fiel mir ein, dass es auch das sogar in Castrop-Rauxel gibt. Buchfinken. Rhododendren.

Hektisch flog daraufhin mein Blick auf der Suche
nach einer Oase der Schönheit, nach etwas, das mein
Auge halten konnte, wenigstens für einen Moment. Aber,
ach. Jedes Mal zeigtest du dich mir nur noch unerfreuli-
cher, als ich vorher befürchtet hatte, und vielleicht muss
ich es einfach mal akzeptieren: Du bist nichts für mich.
Daran ist schließlich nichts Schlimmes. Es gibt Leute, die
essen kein Fleisch. Wieder andere vertragen keinen
Käse. Und ich kann eben mit dir nichts anfangen. Du
mit mir ja auch nicht. Merk ich ja. Immer wieder. Trotzdem müssen wir uns arrangieren, irgendwie. Wir werden uns nicht dauerhaft aus dem Weg gehen können.

Vielleicht telefonieren wir in Zukunft immer kurz
vorher, um zu vermeiden, dass wir auf derselben Party
landen? Einen Versuch wär's doch wert, Berlin, oder?
Aber bitte ruf mich nicht an, ich ruf dich an. Ich hab
deine Nummer.

>>Aber mein Gott,
was für eine langweilige,
entsetzliche Stadt ist Berlin!<<
Fjodor M. Dostojewski, 1874

NINA GEORGE

Fünfzehn Gründe, als »ambitionierter Künstler« von Hamburg nach Berlin zu ziehen

1) Geld spielt keine Rolle. Um genau zu sein: Nirgends sonst lässt sich so viel Geld *nicht* verdienen. Wer es in Hamburg zum Beispiel als Schriftsteller nicht ertragen kann, dass sein Lesungsauftritt honoriert und damit – pfui! – kommerzialisiert wird, der möge bitte nach Berlin umsiedeln. Dort werden für einfallsreiche Off-Off-Literaturveranstaltungen, etwa in leer stehenden Kik-Läden und garniert mit sardischer Tanzmusik und der Fotografieausstellung »Neukölln, in Pfützen gespiegelt«, garantiert keine Honorare gezahlt. Das wertet den Künstler automatisch zu einem solchen auf – ganz gleich, ob Dichter, Sänger oder Kartoffeldruckcollageur. Hier hat jeder zur Kreativität Berufene die bundesweit einmalige Chance, jeden Abend an einer total crazy hippen Kulturveranstaltung mitzuwirken, ohne jemals in die Verlegenheit zu kommen, sich für schnöden Mammon zu prostituieren. Derartige Oasen künstlerischer Unabhängigkeit haben sich dagegen Hamburger Mäzene, Kulturunternehmer und sogar Kneipiers längst einverleibt und lassen keinen Künstler kommen, ohne wenigstens den Hut für ihn rumgehen zu lassen.

2) Aus 1) folgt: Jeder in Berlin kann machen, was er will, ohne auch nur einen die Muse verstörenden Gedanken an ein zahlendes Publikum zu verschwenden. Mit dieser

soziopathischen Einstellung kommt in Hamburg gerade
noch das Thalia-Theater mit gelegentlichen Blut-und-
Hoden-Stücken durch. Wirklich, wir nehmen unser Publikum zu ernst, wo bleibt da der Kunstgedanke?

3) Das Berliner Publikum. Es ist von Natur aus gierig
nach allem, was neu ist – denn dazu ist der Berliner ja
national verpflichtet –, und dabei gleichgültig, was den
Inhalt angeht, solange die Form stimmt. Mit der richtigen – sprich: zurzeit angesagten – Location, dem richtigen Fingerfood und einem Bekannten, der »für umme«
den DJ Sperma-Slasher macht, wird jede noch so sinn-
freie künstlerische Darbietung zum Hotspot der Szene-
karawane. Gut, vielleicht sind die meisten in den hin-
teren Reihen dann damit beschäftigt, zu quasseln, den
Gratiswein, das Tannenzäpflebier oder die Umsonst-
Bionade kritischer zu beurteilen als die Folklore da
vorn und überhaupt den Wert des Abends daran zu be-
messen, wer alles außer ihnen noch da ist und wie hart
die Tür war. Aber ist dieser Schutzraum der Ignoranz
nicht genau das, was den aufstrebenden Künstler vor
dem Scheitern bewahrt? Man denke dagegen nur an das
»ssteife« Hamburger Publikum, das partout keinen kau-
salen Zusammenhang zwischen »neu« und »wichtig«
herstellen mag und zudem auch noch zuhört! Das einzige Problem ist: Wenn Sie richtig gut sind, wird es in
Berlin kaum jemand registrieren, dafür sind alle zu sehr
mit sich beschäftigt. Gehen Sie einfach nach Kassel,
Köln oder Leipzig. Oder eben nach Hamburg – wir haben eine Schwäche für Leute, die es schaffen, Kunst
nicht als Masturbation misszuzuverstehen.

4) Habe ich vergessen, aber es hat irgendwas damit zu tun, dass alle meinen, in Berlin müsse man nicht so viel arbeiten wie anderswo, um zu überleben. Länderfinanzausgleich und Papas EC-Karte heißt das, glaube ich.

5) Pardon. Ich erwähnte das Wort »arbeiten«. In Berlin muss kein Künstler arbeiten. Hier hat man keine Arbeit, sondern Projekte. Erstens, weil es nicht genügend Jobs für die Millionen Kreativen gibt. Und zweitens klingt »Projekte« auch viel besser. Arbeit ist eh nur was für hanseatische Spießer.

6) In Berlin sind die Wohnungen billiger. Sagen ja alle. Das erleichtert Punkt 1 bis 5; es unterstützt den Künstler in seiner inneren Freiheit und ermöglicht ihm ein Dasein als sexy Bohemien jenseits kapitalistischer Verbiegung. Zudem besitzen Berliner Wohnungen oft noch dieses edle existenzialistische Flair – frei von der Verfälschung durch jegliche Renovation atmet die Behausung aus übermalten Tapeten und Knarrdielen Historie. Luftbrücke! Stasi! Kohlekamin und Klo auf halber Treppe – Wahnsinn, diese Echtheit! Zudem gehört es zum anerkannten Lebensstil, sich möglichst provisorisch einzurichten, mit Flohmarktmöbeln, Secondhandbüchern und Putzfrau, die nur nachts kommt, damit keiner mitkriegt, dass Papas EC-Karte geglüht hat. An dieser ewig jugendlichen Frische kratzt nur ein winzig kleiner Haken: Es reicht nicht, einfach nur in Friedrichshain, Mitte oder gar Wilmersdorf (»Is det nich kurz vor Braunschweig?«) zu wohnen – nein, es muss auch die »richtige« Straße und ihr »richtiges« Ende sein. Schließlich gehört zum Identitätsstyling der »richtige« Platz im Leben – in Berlin vor allem der auf dem Stadtplan: Die Adresse formt das Selbstbild

und sollte die anderen neuen Berliner beeindrucken, denen die Erkundigung »Wo wohnst du?« als Gretchenfrage dient. Wir beneiden Berlin aufrichtig – hier können wir uns nicht im Glanze einer sorgfältig ausgesuchten Postleitzahl entfalten, sondern müssen nehmen, was der Makler so anschleppt, und uns ganz »aus uns selbst heraus« beweisen. Furchtbar!

PS: Leider sind die ach so billigen Wohnungen in den angesagten Kiezen inzwischen überbucht und überteuert. Aber da quasi jedes Viertel gerade »im Kommen« ist, so irgendwie (Reinickendorf! Wedding ist schon out!), wird der Künstler schon was finden.

7) Berlin inspiriert. Und wenn dem ambitionierten Künstler mal nichts einfällt, dann kann er immer noch intertextualisieren oder eine »Montage«, einen »Remix« oder eine »Mashup Transformation« kreieren. Das wird zwar anderswo »Verletzung des Urheberrechts« oder gar »klauen« genannt, aber Berliner Großmeister/-innen des intertextuellen Konzepts wie Helene Hegemann und Bushido haben längst bewiesen, dass man das mit der Plagi-Art in Berlin nicht so kleingeistig sieht. Wer selber keine Idee hat, muss schlicht von Poppenbüttel nach Prenzlberg übersiedeln, da haben andere die Ideen für einen – oder es wie die drei kunstfälschenden Maler Posin, Posin und Posin halten, die in Neukölln kopierte van Goghs und Franz Marcs ab 3000 Euro aufwärts verkaufen. Und hier in Hamburg regen wir uns schon auf, wenn ein paar Terrakottakrieger nicht ganz echt sind.

8) Berlin verleiht Bedeutung. Die selbstsichere Idealisierungsapparatur Berlins schmiedet aus jedem Berliner einen Markenartikel. Gerade der zugezogene ambitio-

nierte Künstler profitiert von der geschlussfolgerten
Meinung, alles, was aus Berlin käme, wäre um eine
wilde, bunte neue Prise aufregender. Das verdanken wir
zwar nur einer Handvoll hysterischer Modedesigner,
Underground-Surrealisten, Musikern mit Hut oder rosa
Nickelbrille, Popkultur-Publizisten und Rote-Teppiche-
Herstellern, die Berlin mit dem Glitzerpuder zeitgeis-
tiger Exzellenz verklären, aber es wird gern geglaubt –
als Erstes von den Berlinern, als Zweites von Leuten, die
meinen, auch die Verleihung des Bambis hätte irgend-
einen tieferen Sinn. Hier in Hamburg vermag höchstens
das Karolinen-, St. Pauli- oder Schanzenviertel diesen
Sexy-Effekt hervorzukitzeln; ansonsten sind wir so naiv,
anzunehmen, es käme mehr darauf an, was wer macht,
als wo er es macht.

9) »Berlin inspiriert«, die Zweite. Man stelle sich vor,
man sitzt da im Grindelviertel. Oder in Eppendorf. Nix
los, kein »Berghain«, kein »Tresor«, keine trashige Wohn-
zimmerparty mit Atzenmusik und Flashbeats weit und
breit. Und die eigene Adresse (»Hey! Im E-Weg, weißte,
aber bei den Hunderternummern!«) knallt jetzt irgendwie auch keinen an, nicht mal das eigene Ego. Keiner
stellt sein Sofa zum Weihnachts-BBQ auf den Bürger-
steig, keiner verschönert mit einem sozialkritischen
Graffito die Ampeln, kein Industrieloft zeigt mit Poetry-
Slam und Mundorgel unterlegte Diavorträge von »Eppendorf, in Pfützen gespiegelt«. Und wenn man ausgehen will, kann man sich sicher sein, dass der Klub von
vor zwei Wochen tatsächlich noch in Betrieb ist. Wie
fade! Wie normal! Da bleiben ja nur die eigenen Gedanken! Nichts wie nach Berlin, zur launischen Underdog-
Göre, da hält nix länger als 'ne Tüte Frischmilch! Klubs,

Galerien, Läden öffnen und schließen nach nur wenigen
Wochen, das hält wach, das bringt auf Trab, da übertö-
nen die Stadt und ihre 24-Stunden-Kreativitätsauswürfe
die Leere im Kopf, und da ist alles, wirklich alles Ereignis – selbst die Omma am Büdchen, die einen mit der ach
so eigenen Berliner Schnauze anpampt: »Hammwa
nich!« Und: »Hammses nich kleiner?« Hach! Überall Er-
eignisse! Wozu da selbst noch eins sein?

10) Nie wieder fragen: Was ziehe ich bloß an? Der
Geist Sartres mitsamt dem existenzialistischen Künstler-
schwarz brauste in Berlin schon immer kräftiger durch
die Straßen als in Paris. Bis heute. Auch die ritualisierte
Kreativuniform   Chucks/Vintagehose/Streifenschal/Le-
derjacke mit Bündchen enthebt des täglichen Seufzens
vor dem Kleiderschrank. Vor allem weibliche Künstler
werden in Berlin befreit vom Shoppingwahn und High-
Heel-Stolpern – sich elegant, rassig oder fraulich kleiden
muss da gar nicht sein, der Mensch zählt ja, nech? Gut,
irgendwann sehen alle gleich aus, wenn sie sich zum So-
ja-Latte-macchiato-Frühstück um halb zwei für drei fuff-
zig treffen, aber Gleichheit ist ja irgendwie auch Brüder-
und Schwesterlichkeit und ironisiert die Oberflächlich-
keit der Modeindustrie – no style, no stil. Oder so. Und
solche Typen wie den Fashion-Blogger Scott Schuman,
der Berlin eine modische Tristesse, einfallslose Wursch-
tigkeit und provinzielles Neo-Biedermeier nachsagt, im
Gegensatz zum stilvollen, anregenden, wagemutigen,
vielfältigen Hamburg ... Ach, Schwamm drüber und die
Nerdbrille mit Fensterglas hochgerückt.

11) Berlin hat ein Herz für Narzissten, die Künstler ja
mit Vorliebe sind. Die ganze Stadt ist Therapie: Wer will

ich heute sein? Wie drücke ich mich aus? Welche Bühne darf's denn sein und wer das Publikum? Und worauf kommt es wirklich an – Bionade oder Fritz-Kola? In Berlin ist Ichling-Kultur nicht nur erlaubt – nein, es ist ausdrücklich erwünscht, mit Hingabe um sich selbst zu kreisen.

12) In Berlin ist der Weg das Ziel. Denn Berlin ist niemals fertig, niemals gesettled, es ist immer »brodelnd, viril, dynamisch«. Das hat den Vorteil, dass der ambitionierte Künstler auch nie fertig werden muss. Berlin ist deswegen die Wahlheimat aller Schubladenpoeten. Im Kopf steht der Roman bereits, nur das mit dem Ausformulieren fehlt noch. Kein Problem: Hier muss sich niemand schämen, dass er seit fünfzehn Jahren am epochalen Gegenwartsroman arbeitet. Mehr noch: die Kreise von nicht schreibenden Autoren sind um einiges größer als die der schreibenden und versammeln sich regelmäßig in allerlei Hintersälen, um sich gegenseitig darin zu bestärken, dass die Gegenwart unerklärlicherweise täglich schneller vorankommt als der Roman.

13) Berlin ist Kult, nicht Kultur. Und es ist auch nicht so pinselig mit der begrifflichen Abtrennung von Kultur und Szene, sondern packt eins auf das andere, und fertig ist die Szenekultur der Kulturszene. Das musste mal so offen gesagt werden.

14) Berlin ist über alle Kritik erhaben. Hier ist jeder wer, und wer das nicht so sieht, wird angepampt. Ein Paradies für jeden noch so verblüffend missbegabten Künstler, der den autonomen Amateurstatus eh der vom Geld korrumpierten Profiliga vorzieht.

15) Gehören Sie zur deutschlandweit größten Künstler-kommune! Natürlich sind prozentual mehr Künstler und Kreative (was nicht stets dasselbe ist, aber da fragen Sie mal lieber Bach & Co) in Berlin ansässig, und ständig ziehen welche hin – weil sie gehört haben, dass sich das jetzt so gehört. Alle sind da, um sich zu entwickeln, sich auszuprobieren, Trends zu setzen und ihren heimat-lichen Kulturpolitikern mal so richtig 'ne lange Nase zu machen – aber was kommt eigentlich dabei heraus? Über die Qualität muss man sich nun nicht streiten; Ber-lin hat die Begabung, jeden drittklassigen Furz auf der Rollostange zur Sensation aufzujazzen und jeden als Kreativen zu bezeichnen, der ein lila Strichmännchen zeichnen kann. Das ist in der Tat eine Kunst für sich, die keine andere Stadt so leichthändig beherrscht. Da fällt es gar nicht so auf, dass die wirklich brillante Kultur, Kunst und wertstabile Kreativität eher in Essen, Frank-furt, Hamburg oder, ja, Kassel, Köln und sehr in Wien und München stattfindet; die Masse von mehr oder we-niger Ambitionierten sorgt zumindest für ein eifrig vor sich hin schwitzendes Ich-mach-was-mit-Kunst-und-Medien-Biotop. Aber wer weiß: Eines Tages wird die Maulhure Berlin es vielleicht tatsächlich schaffen, sich als wahrhaft künstlerisch produktiv, gehaltvoll und weg-weisend zu beweisen, wie sie es schon seit circa zwanzig Jahren immer nur behauptet.

Ach, lieber nicht. Jedes Land braucht sein Utopia.

»Das Grauenerregende, Schreckliche wird gewagt:
Wohnen in Berlin.«
Karl Gutzkow, 1869

JAN BÖHMERMANN

Die Hauptstadt des Eigentlichen

Wo ein *eigentlich* steht, ist das *irgendwie aber auch nicht* nicht weit. Das wissen Freizeitsemantiker in aller Welt nicht erst seit Sätzen wie »Eigentlich hat auch die Kunst von Revolverheld ihre Berechtigung«, »Eigentlich bin ich Schauspielerin« oder »Eigentlich hab ich die Pille genommen«. Eigentlich – *irgendwie aber auch nicht.* Versteckt hinter vermeintlicher Beiläufigkeit und verborgen in dem klug als lästiges Füllsel getarnten Wörtchen *eigentlich* liegt eine geheime Sprengkraft: eine Prise Unentschlossenheit und die starke, aber leicht übersehbare Neigung zum Gegenteil. Immer wenn ich um eine kurze Meinungsäußerung zu Berlin gebeten werde, sage ich darum: »Eigentlich mag ich Berlin.« Auf den ersten Hinhörer ein beinahe positives Bekenntnis zu Deutschlands einziger Weltstadt neben Frankfurt, Hamburg und München. Doch erst wenn ich längst wieder über alle Berge bin, dünkt so manchem Einholer meiner Berlin-Meinungsäußerungen die wahre Natur meines Ausspruchs: »Fuck! Eigentlich mag er Berlin … irgendwie aber auch nicht!«

Gut, vieles ist wirklich liebenswert an der Bundeshauptstadt. Eisbär Knut und sein brummeliger Tierpfleger Thomas Dörflein zum Beispiel, das beliebteste deutsche Tier-Mensch-Duo seit Klaus & Klaus. Obwohl, wie pietätlos, die sind ja längst Geschichte. Alle vier. Aber Geschichte – ist die nicht auch irgendwie typisch Reichs-

hauptstadt? Genauso typisch wie in Superzeitlupe auf
dezimeterdicken Eisplatten über Gehwege schlitternde
Omas. Die könnte ich mir monatelang angucken – und
kann ich auch: jedes Jahr in Berlin. Berlin – Berlin, das
sind Ketanauten, die, berauscht von »der gefährlichen
Pferdedroge Ketamin« *(Bild)*, auf der Stadtautobahn
tanzen. Berlin ist Überallhinkackrecht für Hunde. Berlin, Berlin, hier haben die Nutten Bachelor! Dass man
leere 1,5-Liter-Eistee-Tetrapaks in Berlin nach dem Aus-
trinken einfach so auf die Straße werfen kann und sich
niemand ernstlich aufregt, ist keine *urban legend*. Einfach mal ausprobieren! Ab und zu sieht man Hans-
Christian Ströbele mit einem Jutebeutel am Lenker
durch die Straßen radeln, für die Touris.

»Huhu, Herr Ströbele, heute schon mit irgendwem
solidarisiert?« – »Haha, immer, immer«, vermeidet der
Politprofi lächelnd peinlichen Smalltalk und lässt sich
artig fürs Facebook-Profilfoto mit Berlin-Besuchern ab-
lichten. Berlin, Berlin, das ist eben Demokratie zum
Anfassen, Schlange stehen vorm Reichstag und Rezzo
Schlauch im »Café Einstein« aufs Essen starren. Promi-
Metropole Berlin! Bushido, in Anzug und Krawatte,
und Katharina Thalbach, ebenso gekleidet, sitzen beim
Edelveganer »Margaux« in der Wilhelmstraße und besprechen ein geheimnisvolles Gangster-Rap-Theater-
projekt. Sascha Lobo schreibt am Brandenburger Tor
Autogramme auf die Falkfaltstadtpläne von zwei völlig
aufgelösten Damen aus einer Seniorenreisegruppe aus
Riesa, die ihn mit Sebastian Krumbiegel von den Prin-
zen verwechseln. Und wenn man am Roten Rathaus
klingelt, kommt Wowi runter und lässt sich mal drücken.
Berlin, Berlin, das ist Show-Glamour und Rampenlicht,
im Großen wie im Kleinen. Ich liebe die Trekking-be-

rucksackten Ampeljongleure aus dem Weltreisendenmilieu, die mir mehrsprachig fluchend ihren Nebenhöhleninhalt ans Fahrerseitenfenster rotzen, nur weil ich nicht schnell genug mein in der Gesäßtasche verkantetes Portemonnaie herausfischen konnte und so, dem Druck des nachfolgenden Verkehrs nachgebend, über die auf Grün umgesprungene Ampel fahren musste, ohne mich für die nicht gerade nach Goldener Clown von Monaco riechende Kurzperformance mit fünfzig Cent bedanken zu können. Das ist Großstadt, das ist Berlin! Die Hauptstadt des Eigentlichen.

Eigentlich eine geile Idee, auf jedem freien Plätzchen der Stadt erinnerungswürdigen Großereignissen der deutschen Geschichte eine passende Gedenkstätte zu errichten. Besser Gedenkstätten als Lidls. Berlin ist nicht nur Fun ohne Ende, sondern eine historische Stadt, eine Stadt mit einer ganz besonderen Geschichte. Da kann der Berlin-Besucher gar nicht genug von überdimensionalen Stahlkugeln, Beton-Obelisken, Riesenwippen, Marmortafeln und Statuen ermahnt werden. Dass so selbst in den hinterletzten Winkel des Volkskörpers eine dicke Portion Geschichtsbewusstsein hineinrieselt, habe ich in Berlin schon selbst miterleben dürfen: Während seine Freunde gelangweilt den Erklärungen der Lehrerin lauschen, bolzt ein stimmbrüchiger Klassenreisenteilnehmer der, ich mutmaße mal, neunten Klasse einer Problembezirkhauptschule laut lachend einen mitgebrachten Tennisball in das Stelenfeld des Holocaust-Mahnmals an der Ebertstraße. Sofort verpasst ihm ein zwei Köpfe größerer Klassenkamerad mit arabischem Migrationshintergrund einen kräftigen Schlag in den Nacken und zischt: »Ey, hab mal Respekt, du Opfer! Da drin wurden Juden vergast!«

»Eigentlich wollte ich in den Bereich Journalismus, als freier Autor für *Die Tageszeitung* oder meinetwegen auch *Die Welt*«, hört man in Berlin donnerstags morgens um halb vier Tausende Endzwanziger in zu engen Hosen überraschend lagerflexibel auf angesagten Stehpartys in ihre Gläser murmeln. Jetzt aber erst mal Praktikum bei einer hippen Werbeagentur, die schon mal was für Bayer Schering gemacht hat, ohne Bezahlung. Also das Praktikum. Und danach mal sehen. Eigentlich auch cool. Neben seriösen TV-Polit-Talkern, Schrägstrich, Familien-Entertainern, deren Egos zu groß für ihre provinzielle westdeutsche Heimatmillionenstadt geworden sind, zieht es vor allem ambitionierte Studenten, Medienschaffende und Kreative – wichtig, die beiden Letztgenannten voneinander zu unterscheiden – in die Hauptstadt. *Alle* wollen nach Berlin. Sagen *alle*. Verdutzt müssen *alle* aber schnell feststellen, dass – ja, ja – Berlin zwar ruft, aber wenn man antwortet, sich ganz schnell umdreht und wegrennt. Und so steht, um mal eine Formulierung aus dem VHS-Allegorie-Workshop für Anfänger zu benutzen, während die Movers und Shakers der »Partyhauptstadt Berlin« *(Bild)* durch die Nacht raven, meistens DJ Arbeitslosigkeit an den Turntables. Das hat für die berufliche Identität und den Alltag des Berliner Nachwuchsbürgertums interessante Folgen: In Berlin ist jeder Job ein Traumjob. Trotzdem macht niemand das, was er eigentlich gerne machen würde. Und wenn doch, ist man ganz dankbar, dass Mama und Papa aus dem fernen Böblingen ein Mal im Monat ein bisschen was aufs Jeanskonto überweisen. Ein alter, lieber Schulfreund, ein am akademischen Diskurs mehr als am akademischen Abschluss interessierter Dauerstudent der Fachrichtungen Psychologie, Germanistik,

Pharmazie und Handarbeiten auf Lehramt, sah sich mit Anfang dreißig erstmals gezwungen, zur Entlastung der elterlichen Finanzen einen Nebenjob anzunehmen. Er arbeite jetzt als Barista in einer unsympathischen Kaffeehauskette, berichtete mir der alte, liebe Freund, und als ich ihm durch skeptisches Verziehen meiner Augenbrauen signalisierte, dass ich mir beim besten Willen nicht vorstellen könne, wie sich ein solcher Arbeitgeber mit seinem eigentlich doch eher marxistisch-leninistischen Lifestyle vereinbaren ließe, erklärte er mir mit maximalem Ernst: »Ja, ich arbeite da aber nur, um einen Betriebsrat zu gründen und den Laden dann von unten aufzurollen.«

Berlin ist eben auch linke Folklore, sozialistisches Phantasialand. Nur: statt Karussells gibt's Fresse blutig vom Bullenschwein. Ich halte mich für einen gewaltbereiten Linksautonomen, gefangen im Körper eines schüchternen Wertkonservativen, und finde es darum eigentlich sehr sympathisch, dass es in Berlin Bezirke gibt, in denen sich Nazis nur noch in größeren Gruppen auf die Straße trauen. Aber man muss kein ausgewiesener Reaktionär sein, um mal kritisch hinterfragen zu dürfen, warum im Zuge des jährlichen Revolutionsversuchs aus Protest gegen das Schweinesystem ausgerechnet die eigene Nachbarschaft angezündet wird. Vielleicht kein Kleingeld für ein S-Bahn-Ticket nach Zehlendorf oder Spandau? Ach, nee, S-Bahn fährt ja nicht. Seit ungefähr vier Jahren. Na ja, dann halt vor der Haustür. Dann muss man hinterher auch nicht so weit zurückhumpeln.

Hier, in Friedrichshain-Kreuzberg, der nach Westerland/Sylt zweitgrößten Ferienhaussiedlung Deutschlands, leben die Menschen, die finden, dass *Joschka und*

Berlins letzte Hausbesetzung

Herr Fischer von Pepe Danquart eigentlich ein rundum gelungener Film ist: das Ur-Berliner Establishment. Eine höchst ungemütliche Stadtteilbasis, die anderen, bis auf gewalttätige Ausschreitungen, fast keinen Schabernack durchgehen lässt. Man wohnt in gigantischen Altbaumietwohnungen zu Preisen, für die man sich in Recklinghausen höchstens Ein-Zimmer-Küche-Bad im Wohnsilo leisten kann, und fühlt sich gentrifiziert. Und während im bereits vor fünf Jahren erschöpfend komödiantisch behandelten, zu Pankow gehörenden Nachbarortsteil Prenzlauer Berg Grabenkriege zwischen Bugaboo und Hesba toben, sind die Fronten in Berlins Kultbezirk eher klassisch aufgestellt.

Checkliste:
Bullenschweine platt hauen. Gemacht.
Obst beim Türken kaufen. Abgehakt.
Nicht vergessen: Rudi Dutschke. Okay.

Wenn die Friedrichshain-Kreuzberger nicht gerade dem Rest der Republik mit ihren Kommunalproblemchen die Feuilleton- beziehungsweise Vermischtes-Teile der Tageszeitungen versauen, sind sie stolz auf das muntere Miteinander der Kulturen in ihrem Kiez. Und wenn die englischen Sauftouristen in den Ferienwohnungen eine Etage drüber und eine Etage drunter mal wieder bis um halb vier Uhr morgens im Treppenhaus Macarena tanzen, sind sie zu stolz, die *Bullen* zu rufen. Ein Miteinander der Kulturen sieht ja wohl bitte nicht so aus, und auch Haschrebellen brauchen Schlaf. Und ich eigentlich unbedingt auch eine Ferienwohnung in diesem vibrierenden Kiez. Allein schon wegen der Volksfeste.

Mai-Krawalle sind eigentlich immer *voll geil*, man sollte es sagen, wie es ist. Als Veranstalter ist vor ein

paar Jahren, meine ich, die Fitnesskette McFit eingestiegen, seitdem kacken nicht mehr so viele Leute in die
Büsche, und es gibt Überlegungen, das traditionelle Berliner Mega-Event auch mal in anderen Städten der Bundesrepublik steigen zu lassen. Ein Schritt in die richtige
Richtung! Wie gewalttätig es wird, hängt stets vor allem
von der Arbeit der beiderseitigen Deeskalationsteams
ab. Die Berliner Polizei bemüht sich redlich, die Ge-
genseite durch sich über die Jahre fortwährend an Toll-
patschigkeit überbietende Schlichtungsstrategien zur
Weißglut zu treiben: Halbherzig geschulte Anti-Konflikt-
Polizisten mit volksnahen Baseballmützen und coolen
neongelben Bauarbeiterwesten setzen das halbherzig
Gelernte halbherzig um und versuchen, die erlebnis-
orientierten Revolutionäre zu zwangsdeeskalieren. Dafür kullert der Schwarze Block dann zur Strafe geklaute
Blendgranaten mit abgelaufenem Haltbarkeitsdatum
aus britischem Militärbestand in die Reihen der gepan-
zerten Staatsbediensteten. Die Maiprotestler im Gegen-
zug werfen seit ein paar Jahren die Clowns Army in den
Ring, eine liebevoll verkleidete Dummer-August-Bande,
wie sie auch am Bauzaun des Stuttgarter Hauptbahn-
hofs stehen könnte. Singend, tanzend und musizierend
versuchen die geschminkten Aktivisten, übermüdete Bereitschaftspolizisten mit ganz viel Humor und Spaß vom
Ansinnen des Demonstrationszuges zu überzeugen. Wer
kann es den Schutzleuten verdenken, dass ihnen beim
Aufzug der Clowns Army versehentlich der Knüppel aus-
rutscht? Oh, Moment mal, *klingelingeling*, da ist ja wieder Hans-Christian Ströbele! Dieses Mal schiebt er sein
Fahrrad durch die ihm freundlich zunickende Maipro-
testlermenge. Er isst ein Mohnbrötchen mit Käse und
nickt freundlich zurück. Im Jutebeutel, der immer noch

an seinem Lenker baumelt, zeichnen sich jetzt die Kon-
turen eines Apfels und einer Sigg-Trinkflasche ab. Er
schaut sich das alles mal an hier. Der autonome Fanchor
gröhlt:

»Hans-Chris-tian   Strö-be-le!« *Klatsch, klatsch,
klatsch.* »Hans-Chris-tian Ströbe-le!«

»Haha, na? Alles friedlich hier?«

»Klar, wie immer! Aber was machen Sie denn hier,
das ist doch schon ganz schön spät, Herr Ströbele!?«

»Och, ich komme gerade aus 'ner Sitzung des Parla-
mentarischen Kontrollgremiums und wollte mal nach
dem Rechten sehen.«

»Hans-Chris-tian   Strö-be-le!« *Klatsch, klatsch,
klatsch.* »Hans-Chris-tian Ströbe-le!«

Ruhig vertilgt der tiefenentspannte Altlinke die letzte
Ecke seines Mohnbrötchens, wimmelt höflich einen aufgeregt monologisierenden Zweiten Vorsitzenden eines
besonders engagierten Havanna-Komitees ab, steckt
dankend drei ihm überreichte, sehr eng bedruckte Info-
Flyer in den Jutebeutel, schwingt sich lächelnd auf seinen Sattel und radelt davon. »Eigentlich ein cooler Typ
irgendwie, dieser Ströbele.«

Langsam wird es dunkel in der Hauptstadt. Und
man weiß nicht, ob's an der untergehenden Sonne liegt
oder ob ein antifaschistischer Schnelleingreiftrupp mal
wieder eine Kabelbrücke am Gleisdreieck durchgesägt
hat. Eine Nacht, wie geschaffen, um mit der Eroberung
aus dem »Berghain«, dem »coolsten Club Deutschlands«
(Bild), hart bumsend auf den Sonnenuntergang zu warten. *She looks so Berlin. She looks so vintage-y.* Ihr vor-
schriftsgemäß nonkonformistisch abgeblätterter hellroter
Nagellack sieht nach Studium und Nebenbei-Kellnern
aus und bedeutet: Hemmungsloser Sex unter freiem

Himmel ja, aber danach wird's richtig kompliziert. So
mit nachts im dunklen Treppenhaus schreiend und heu-
lend vor der Tür stehen, Monate nach der Trennung.
Aber die ist morgen. Und Berlin ist jetzt! Nach dem Sex
liegt man gemeinsam eingemummelt in mehreren Lagen flauschiger Wohlfühlambivalenz, denkt an Liebe,
Hass, den Ketaminkater am nächsten Morgen, den
Dispo, an die Jugend, an zu Hause, an Berlin – und versucht müde fummelnd, die aufgestaute Helene-Hege-
mann-Stimmung langsam abschwellen zu lassen. Die
Nacht ist schwarz. Zum Glück brennen in der Stadt immer irgendwo ein paar BMWs, sodass man trotzdem
ganz gut sehen kann. Fast ein bisschen romantisch. Ja,
eigentlich mag ich Berlin.

»Es lebt aber, wie ich an allem merke,
dort [in Berlin] ein so verwegener Menschenschlag
beisammen, dass man mit der Delikatesse
nicht weit reicht, sondern dass man Haare auf
den Zähnen haben und mitunter etwas grob sein muss,
um sich über Wasser zu halten.«
Johann Wolfgang Goethe, 1823

THILO BOCK

Sei laut. Sei im Weg. Sei nicht von hier

Berlin ist der beste Ort, den ich mir vorstellen kann. Und ich kann mir vieles vorstellen. Was ich mir nicht vorstellen kann: diesen Ort zu verlassen. Trotzdem wird es immer enger. Stichwort: Gastberliner. Die kommen hierher, um zu studieren. Werden erst nicht mit dem Freizeitangebot fertig, dann nicht mit dem Studium. Machen irgendwas mit Medien, einen Laden auf für überteuerten Kram, den keiner braucht, oder einen auf Kellnerin. Meistens aber machen sie nichts. Hängen bereits am Vormittag hinter einer Schale Milchkaffee in ihrem Stammcafé ab. Besprechen Projekte, die so gehaltvoll sind wie der Schaum auf ihren Oberlippen. Ihnen muss es an nichts mangeln, alles da: Altbauwohnung, abgeschliffene Dielen, Gemüse-Türke, Biometzger, Hosenhäkler, Hasch-Afghane und jede Menge Freunde im gleichen Kiez. Das halbe Heimatdorf ist in die Nachbarschaft gezogen. Anfangs hat man sich sogar eine WG geteilt. Mit Lebenspartnern und Kindern wurde es da bald zu eng. Nach wie vor sieht man sich jedoch täglich. Egal deshalb, dass der öffentliche Nahverkehr Berlins seit gefühlten dreihundert Jahren nicht mehr funktioniert.

Lediglich einen echten Berliner haben sie nie so richtig kennengelernt. Ja, gut, den Wirt von der letzten originalen Eckkneipe in der Straße. Da war man mal ganz am Anfang, aus einer überschwänglichen Laune heraus. Mit seiner Bimssteinnase sah der Herr stark nach einem

Eingeborenen aus. Inzwischen ist der ja raus. Dafür ist da jetzt ein trendiges Trennkostlokal drin.

Und sonst? Gebürtige Berliner? Ach ja, dieser ulkige Bürgermeister, der so gern aus Damenschuhen Champagner schlürft. Dem trauen sie zu, dass der ein echter ist. Was auch gut so wäre. Der tut nichts. Nicht einmal regieren.

Einer muss den Job ja machen. Der Rest von uns tatsächlichen Berlinern hält sich zurück. Denn wir sind eine eingeschworene Gemeinschaft von Menschen, durch deren Adern Spreewasser kriecht. Dicke, trübe Brühe. Uns verbindet, dass unsere Mütter und deren Mütter und so fort hier geboren sind. Fünf Generationen mindestens! Erkennen kann man uns nicht so ohne Weiteres. Viele von uns berlinern nicht einmal. Wir wollen uns nicht gemein machen mit den Brandenburgern, die ihren Speckgürtelkomplex mit besonders schnoddriger Artikulation zu vertuschen versuchen.

An sich ist gegen Gastberliner gar nichts zu sagen. So kriegen wir wenigstens was mit von der Welt. Der Berg muss eben zum Propheten kommen. Und wer lange genug bei uns bleibt, passt sich den gesellschaftlichen Gegebenheiten zwangsläufig an. Tauscht übertriebenes Freundlichsein gegen herzliche Ruppigkeit ein. Aus emsiger Betriebsamkeit wird überlegenes Überlegen. Berliner müsste man allesamt verbeamten. Das wäre sogar gut für die Arbeitslosenstatistik. Denn als was wir vom Staat alimentiert werden, ist letztlich ooch schnuppe, wa?

Für Westberliner gab es früher die Berlinzulage. Damit haben die Wessis hinter der Zone uns bezahlt, damit wir ihnen das Symbol gemacht haben. Schaufenster der freien Welt, auf das die Völker geschaut und uns manchmal Schulklassen vorbeigeschickt haben. Die wurden dann zur Mauer gekarrt, wo sie betroffen rüberlinsen mussten auf Stacheldraht und graue Fassaden.

Im Grunde wollte keiner was mit uns zu tun haben. Der Fortschritt fand woanders statt, während wir von Politikern regiert wurden, denen man woanders nicht einmal die Verwaltung einer Baumschule zugetraut hätte. Deswegen mussten alliierte Stadtkommandanten über uns wachen, auf dass nichts übermäßig Schlimmes passiert.

Unseren Brüdern und Schwestern jenseits der Mauer ging es da ähnlich. Auf die passte zwar nur *eine* Schutzmacht auf. Dafür mussten sie jedoch Hauptstadt der DDR spielen, wofür sie vom Rest der realsozialistischen Republik verachtet wurden. Und das nicht, weil die Halbstadt völkerrechtlich gesehen gar nicht zur DDR gehörte. Vielmehr wurden rare Bananen stets nach Ostberlin geliefert und nie nach Leipzig. Und als der Staatsrat zum 750. Geburtstag Berlins das Nikolaiviertel wiederaufbauen ließ mit einer Mischung aus Plattenbauten und echten alten Häusern, kamen Letztere nicht etwa durch ein Zeitloch zurück in die historische Mitte, sondern wurden andernorts abgebaut.

Dass so etwas nicht überall gut ankommt, ist verständlich. Wir können nichts dafür. Ehrlich gesagt ist es uns sogar egal. Hasst uns, wenn ihr euch dann besser fühlt! Schleppt eure Rucksäcke, rollt eure Rollkoffer ruhig woandershin. Von mir aus nach Barcelona. Wobei Braunschweig für die meisten, die hier aufschlagen, aufregend genug sein dürfte. Sag mir, wo kommen all die Touristen her? Wer hat sie gefahren? Wer hat sie geflogen? Easy Jet? Der Deutschen Bahn kann man in diesem Fall gewiss keine Schuld geben, es sei denn, der Zug von

Paris nach Bratislava endete außerplanmäßig am Berliner Hauptbahnhof. Was noch lange keine Einladung ist, die Bannmeile zu durchbrechen.

Nicht zufällig steht unser Hauptbahnhof inmitten einer räudigen Steppenlandschaft. Neuankömmlinge sollen hinaustreten und feststellen: In Berlin ist nichts los. Außer drei zusammengehörenden Imbissbuden, einer großen Treppe und sehr viel Freifläche hat die Stadt wenig zu bieten. Damit Besuch die Rückreise nicht ohne Geschenke für die Daheimgebliebenen antreten muss, ist der Bahnhof mit einem Einkaufszentrum gekoppelt. Das sieht genauso aus wie in Hannover. So können Sie hinterher sagen: Man verpasst nichts, wenn man nicht nach Berlin reist. Stimmt ja. Bleiben Sie bitte zu Hause! Hier gibt es nichts zu sehen.

Berlin ist hässlich. Herrlich hässlich. Wir haben die größten Bausünden der Dreißiger-, Fünfziger-, Siebziger- und Neunzigerjahre. Wir haben Plattenbauten, den Steglitzer Kreisel, den Bierpinsel, diverse Hoch- und Tiefbunker, das ICC, das Bundeskanzleramt, den Alexanderplatz, das Europa-Center. Und dann haben wir noch Unter den Linden. Das ist doch Paris für Arme! Fahren Sie also lieber gleich nach Paris. In Berlin werden Sie nur angebettelt. Vielleicht sogar ausgeraubt. Und bevor Sie's überhaupt bemerkt haben, ist Ihr Portemonnaie aus echtem Hornochsenleder längst in Polen. Ja, wie wär's?! Fahren Sie lieber gleich nach Warschau. Da ist es zwar auch nicht gerade schön, aber wennschon, dennschon.

Ach, Sie wollen unbedingt nach Berlin? Man hat Ihnen vom umwerfenden Nachtleben erzählt? Vom besonderen Flair? Von einer Brücke, auf der sich die Jugend der Welt trifft? Und von einer Diskothek, in der zu dumpfen elektronischen Klängen auf ungeputzten Toiletten die Generation von morgen gezeugt wird? Glauben Sie nicht alles, was man Ihnen erzählt. Auf einer Brücke können Sie auch woanders die halbe Welt treffen. Wie wär's mit Venedig? Allein wegen der Berliner Witterungsverhältnisse – entweder es ist zu warm oder zu kalt – sollte man sich nie länger als nötig unter freiem Himmel aufhalten. Das gilt nicht bloß für die Brücke, sondern erst recht für den Technotempel. Da kommen Sie sowieso nicht rein. In Wahrheit war dort noch nie jemand drin.

Sie glauben mir nicht?! Oder schlimmer: Sie haben bereits gebucht? Wenn es unbedingt sein muss, kommen Sie her. Aber Vorsicht! Bloß weil Sie im Urlaub sind, müssen Sie sich nicht auch gleich so benehmen. Nehmen Sie irgendwo Platz, wo Sie niemandem im Weg sitzen. Für diesen Zweck gibt es zahlreiche Dampfer, die die Spree hoch- und den Landwehrkanal runterschippern. Und zwei Buslinien gondeln quer durch die Stadt. Gucken Sie sich ruhig aufmerksam um. Doch bitte lesen Sie nicht laut aus dem Reiseführer vor. Neben Ihnen könnte jemand sitzen, der gerade keine Ferien hat.

Apropos, in Berlin herrscht Flüstergebot. Für Fremde. Wir Einheimischen können uns leider nicht daran halten. Das ist ein genetischer Defekt, weshalb wir in regelmäßigen Abständen brüllen und lautstark meckern müssen. Was woanders ein bedenkliches Syndrom ist, gilt bei uns als ethnische Eigenheit.

Gegen Berlin spricht übrigens auch das hier herrschende absolute Alkoholverbot. Ist wirklich wahr! Wer hier nicht sesshaft ist, sollte keinen Tropfen davon intus haben. Im Ausland hat sich fälschlicherweise das Gerücht verbreitet, es gäbe angeleitete Touren durch angesagte Kneipen. Da muss ein Übersetzungsfehler vorliegen. In Wahrheit sind das Strafprozessionen alkoholisierter Ortsfremder auf dem Weg in Sammellager. Eins heißt »Speicher«, ein anderes »Kuhdorf«. Dieser Name bezieht sich übrigens auf die geballte Provinzialität seiner Insassen.

Wir wollen keine grölenden Gruppen, die ihre Kleidung an rauen Hauswänden aufschubbern und ihren Magenauswurf neben die Hundehaufen platzieren. In Berlin ist es von alters her Sitte, die Gemeinschaft sofort zu verlassen, sobald man erste Anzeichen alkoholbedingter Verwahrlosung an sich bemerkt – um dann getrennt krakeelend nach Hause zu torkeln.

Niemals sollten Sie übrigens auf die Idee kommen, ein Fahrrad zu mieten. In Berlin fahren sowieso nur Selbstmörder Rad, während die Mörder motorisierte Fahrzeuge bevorzugen. Gleichwohl kämen Berliner im Gegensatz zu ihren Besuchern nie auf die Idee, nebeneinander Fahrrad zu fahren. Nebeneinander! Am besten gleich zu zehnt! Das geht gewiss in München. Oder in Potsdam. Ja, besichtigen Sie lieber Potsdam! Da gibt es ebenfalls ein Brandenburger Tor. Freilich nicht so schön wie das unsere, dafür kann man es ungestört mit dem Fahrrad umkreisen.

Ginge es nach mir, sollte man Berlin-Touristen generell nach Potsdam umleiten. Oder nach Brandenburg an der Havel. Dort besteht wenigstens nicht die Gefahr, dass die Leute in die falsche S-Bahn steigen und versehentlich doch bei uns landen.

Man müsste lediglich ein paar der weltbekannten Sehenswürdigkeiten in Brandenburg aufbauen. Da aber niemand, der nie zuvor in Berlin gewesen ist, weiß, wie groß Siegessäule und Fernsehturm tatsächlich sind, reichen kleinere Kopien. Und was noch? Wonach suchen

Touristen außerdem? Nach 'ner kaputten Kirche! Das lässt sich leicht bewerkstelligen. Und der Potsdamer Platz? Ein Einkaufszentrum mit Elektromarkt, Nordsee-Restaurant und schwedischen Klamottenshops gibt es in Brandenburg garantiert schon. Den Touristen würde also nichts fehlen. Höchstens das spezielle Berliner Flair, der Duft nach den Hinterlassenschaften unterschiedlich entwickelter Lebewesen. Weshalb sie dann zu Hause in Detroit, Salerno, Córdoba oder Wanne-Eickel sagen könnten, an diesem Berlin-Hype sei ja wohl gar nichts dran.

Und bald würde keiner mehr nach Berlin wollen. Jedenfalls niemand, für den eine fremde Stadt wie eine Nutte ist. Man will Spaß mit ihr, doch hinterher hilft man ihr nicht einmal beim Saubermachen. Solche Leute brauchen wir nicht. Weil wir genauso sind. Bloß: wir dürfen das. Die Nutte ist nämlich unsere große Liebe. Bei der dürfen wir unseren Dreck einfach fallen lassen. Wir bleiben schließlich immer hier.

Ja, Sie lachen. Halten das mit der Touristenumleitung für einen idiotischen Vorschlag? Zumal er jetzt ausgeplaudert ist. Sind Sie überhaupt schon in Berlin gewesen? Also, im richtigen? Seien Sie sich da mal nicht so sicher. Verhalten Sie sich aber vorsichtshalber allzeit so, wie auch Sie behandelt werden wollen. Sonst kommen wir vielleicht nächste Woche mal in Ihr Heimatdorf. Und zwar alle! Wir sind dreieinhalb Millionen, und die meisten von uns haben garantiert Zeit.

»Berlin macht auf mich im Allgemeinen den widrigsten Eindruck: kalt, geschmacklos, massiv.«
Rosa Luxemburg, 1898

ANJA MAIER

Gucken ja. Bleiben auf gar keinen Fall

Heute bin ich ihnen wieder begegnet: Hauptstädtern. Es war im Berufsverkehr, Freitagnachmittag. Gemütlich pendelten wir Brandenburger raus ins Umland – da störte unser Reisekollektiv ein Grüppchen urbaner Checker. Schwer zu sagen, welche Umstände die drei gezwungen haben mochten, ihr natürliches Lebensumfeld zu verlassen. Warum sie sich überhaupt auf den Weg gemacht hatten, raus aus ihrem sexy Berlin, rein ins grauenhafte Brandenburg. Denn grauenhaft musste das, was sie sahen, sein – anders waren ihre herablassenden Wortwechsel nicht zu interpretieren.

Bei den Urbaniten auf Umlandtrip handelte es sich um zwei Dreißigerinnen im Mitte-Outfit – also bunte Mädchenkleider, Stiefel und tellergroße Sonnenbrillen –, einen dazugehörigen jungen Mann im Klugscheißerdress – Vintagehemd, Jeans, Seitenscheitel und Pilotenbrille – und ein schlafendes Kind im Sechzigerjahre-Kinderwagen. Weil sie ja einen Ausflug machten, hielten die Erwachsenen exotisch bunte Bierflaschen in den Händen und ließen nun ihre Umwelt, also uns Brandenburger Pendler, wissen, was gerade so in ihren hübschen Köpfen vor sich ging.

Thema Nummer eins war, dass alle anderen hier im Waggon so komisch aussahen. »So grau, finde ich«, sagte die eine Kleidchenfrau und senkte nicht einmal ihre Stimme, »irgendwie haben die hier draußen alle ko-

mische Klamotten an.« Das konnten die anderen beiden
nur bestätigen. Zweitens waren die Häuser, die an der
S-Bahn-Strecke fein säuberlich vorbeizischten, »super-
spießig, nie könnte ich in so was wohnen«, krakeelte
Kleidchenfrau Nummer zwei. »Mein Gott«, stöhnte der
Klugscheißer, »das sieht hier ja aus wie bei uns daheim
in Reutlingen. Wenn ich das sehe, weiß ich wieder, warum ich nach Berlin gezogen bin.« Man kann sagen,
dass es sich bei unseren Mitreisenden unüberhörbar
um Zeitgenossen handelte, die die Feinheiten des Gast-
rechts bei Weitem noch nicht beherrschten.

Wir Brandenburger kennen so was. Je besser das
Wetter wird, desto häufiger suchen uns Typen wie diese
Berliner Schlaumeier heim. Im S-Bahn-Waggon werfen
wir uns bei derlei optischen und akustischen Zumutungen kurze verständnisinnige Blicke zu. Denn wir wissen, wie gut wir hier leben. Und wir wissen, was unsere
drei Störenfriede, zurück in Berlin, erzählen werden:
wie grottig das Essen war, wie unfreundlich die Leute
gewesen sind und was für einen Schreck sie beim Anblick der Neonazis bekommen haben.

Aber auch: wie geil es da draußen in Brandenburg
ist, wie still dort der Waldsee ruht, wie gut das tut, mal
bis zum Horizont gucken zu können, und wie schön das
wäre, da auch ein Häuschen zu haben. Da würden sie
sich gestreifte Liegestühle kaufen und einen Plastikpool
zum Aufblasen ... und dann könnten sie die Kinder richtig laufen lassen, auf dass sie Regenwürmer quälen und
Holunderbeeren pflücken. Hach! Das wär ja noch mal
ein echtes Abenteuer!

Dazu, liebe Berliner, können wir Brandenburger nur
sagen: Sorry, ihr kriegt hier nix, nicht mal eine Asbest-
baracke in einem stillgelegten Pionierferienlager. Denn

wir waren eher da. Wir haben schon vor zig Jahren die ganzen günstigen Häuschen geschossen und die Gärten angelegt, die Hecken gepflanzt, hinter denen ihr zu Recht Paradiese vermutet. Und wir haben – vor allem – sämtliche Liegestuhlvorräte aufgekauft. Kommt ruhig mal am Wochenende vorbei. Wir finden auch, dass ihr gucken könnt und in unseren Seen baden, dort eure Intim-Piercings der Sonne darbieten und den Kindern zeigen sollt, dass es noch andere Tiere als Wohnungskatzen gibt. Das sollt ihr, das könnt ihr. Aber wenn das alles erlebt und erledigt ist, würden wir euch bitten, wieder nach Hause zu fahren. Nach Berlin.

Denn wenn ihr dann abends wieder in die S-Bahn Richtung Ausgehbezirk gestiegen seid, winken wir euch noch mal hinterher, räumen anschließend am Strand eure Bionade-Flaschen weg und sammeln die Kippen auf, damit ihr es bei eurem Besuch am nächsten Wochenende wieder schön habt. Erst dann tun wir, wozu wir wirklich Lust haben: wir selbst sein.

Es ist nämlich so, dass es uns quasi noch mal gibt, in einer optimierten Ausgabe. Aber die zeigen wir euch lieber nicht, das würde euer gut gepflegtes Vorurteil stören. Da sind wir noch vorsichtig. Solange ihr uns besucht, machen wir alles so, wie ihr es gewohnt seid. Wir kochen schlecht, wir sind unfreundlich, wir ziehen schlecht sitzende Jogginghosen an und geben uns insgesamt große Mühe, euren Vorstellungen vom »irgendwie so grauen« Brandenburger zu entsprechen.

Damit das gelingt, tun wir auch was extra. Gerade bietet das örtliche Arbeitsamt einen regionalen Ausbildungsgang an: »Unkultiviert, unfreundlich und rechtsextrem – Gästen authentisch begegnen«. Da lernen die Köche, wie man den ollen Geruch ins Frittierfett kriegt.

Die Servierkräfte in den Waldschenken müssen bei
diesem Kurs ihren Dialekt noch mal auffrischen und
Sätze üben wie »Hamm-wa-nich«, »Hamm-Se't-nich-
passend?« und »Da-könnte-ja-jeder-kommen«. Die Abi-
turienten des Örtchens sind so freundlich, gegen kleines
Geld sonntags Bomberjacken anzuziehen und in tiefer-
gelegten Golfs mit überhöhter Geschwindigkeit durch
die Kleinstadt zu brausen. Die Polizei schaut weg – was
dem Tourismus dient, kann nicht falsch sein.

Wir wissen, was ihr wollt – und das kriegt ihr. Wir
möchten, dass es euch bei uns gefällt. So, wie ihr uns gegenüber auf Hauptstadt macht und uns erwartungs-
gemäß mit Geringschätzung sowie lebensbedrohlichem
Schneiden und Rechtsüberholen im Straßenverkehr begegnet. So kennen wir das, und so wollen wir das. Auch
wir möchten ja nicht enttäuscht werden, und wir spüren, ihr tut in dieser Hinsicht auch eine Menge für uns.
Danke schön.

Nun möchtet ihr vielleicht wissen, wie wir leben,
wenn ihr uns nicht dabei zuschaut. Na gut, ausnahms-
weise erzähle ich's euch – aber hinterher nicht heulen
und mitmachen wollen. Wie gesagt, wir sind voll.

Also: Sobald die Rücklichter eurer Vorortbahn Richtung Hauptstadt am Horizont verglommen sind, geht's
los. Erst einmal ziehen wir uns um, die Wochenendmas-
kerade mit den Jogginghosen, Tchibo-Klamotten und
Deutschland!-Basecaps packen wir weg und schlüpfen
in was Bequemes: Sommerkleider, Vintagehosen, Pilo-
tenbrillen – so was. Dann klappen wir die Bürgersteige
runter, und in der als Bäckerei getarnten Starbucks-
Filiale wird der erste Dulce de Leche Frappuccino ge-
braut. Die Versicherungsagentur entpuppt sich als auf
ostwalisische Konzeptkunst spezialisierte In-Galerie, am

Strand legt der DJ Dub-Musik auf, und endlich öffnet auch die Bar.

Zur Einstimmung auf die gästefreie Woche versammeln wir uns am Strand, manche haben Rex-Pils mitgebracht, andere einen guten Montepulciano oder ingwermariniertes Lammfilet. Wieder andere haben ein paar Cupcakes, etwas Tomatensalat oder selbst gebackenes Maisbrot dabei. Alles bio, versteht sich. Dass wir euch was anderes servieren, heißt nicht, dass wir selbst das essen würden.

Dazu machen wir ein Feuerchen, lassen das Essen und die Getränke kreisen und erzählen uns gegenseitig die irrsten und wirrsten Geschichten über unsere Berliner Wochenendgäste – wie über die drei Mitte-Checker, die mit ihrem Kind zu uns rausgetrudelt kamen. Die waren ein bisschen früher dran als üblich, zur Berufsverkehrszeit, sodass wir noch nicht komplett im Wochenendmodus waren. War das lustig, mit anzusehen, wie Gustav, der Wirt vom »Gourmand«, in letzter Sekunde das frische Sushi, die Flusskrebspastete und den Höhlenkäse gegen die wochenendige Boulette mit ungetoastetem Toast und Bautz'ner Senf tauschen musste.

Na ja, hat ja noch geklappt, so hatten wir Zeit, schnell die Telefonkette zu bilden, damit alles an seinem Platz und bereit ist, wenn ihr Berliner dran vorbeikommt – also: wir Brandenburger, die Serviererinnen, die Neonazis. Das volle Programm. Hat's euch gefallen? Also, uns macht das Freude, ehrlich. Wir wissen, was ihr wollt – und das kriegt ihr. Hauptsache, ihr fahrt anschließend schön brav wieder nach Hause.

»Was ich dir nun endlich von Berlin zu melden hätte,
ist wenig und nicht erfreulich, die Leute sind kalt,
maliziös und setzen eine Ehre darin,
nie zufrieden zu sein.«

Felix Mendelssohn Bartholdy, 1830

KARL-HEINZ OTT

Die Scham, das fade Gemüse und kein Metzger

Auf der Suche nach einer Lammkeule fahren wir an einem Heiligabendmorgen durch halb Berlin. Beim Türken in der Bergmann gibt es keine mehr. Auch nebenan in der Marheineke-Markthalle nicht. Also machen wir uns Richtung Schöneberg auf, von da aus nach Mitte, am Ende noch zum Zoo. Den Osten lassen wir links liegen, um zwei machen die Läden sowieso zu. Selbst in Berlin. Nach drei Stunden wissen wir: Berlin hat keine Metzger. Zumindest im Westen nicht. Jahre später erzählt uns jemand, am Prenzlauer Berg gäbe es einen guten. Wo genau, weiß er nicht. Vielleicht am Kollwitzplatz. Nur dass ich da noch nie einen gesehen hab. Im Tengelmann am Nollendorfplatz kriegen wir immerhin noch Bratwürste. Als wir uns abends in die »Osteria« aufmachen wollen, klingeln die Nachbarn (Polen). Weshalb wir dann Heiligabend wie in Krakau verbringen: Heringe, Gurken, Zwiebeln und Wodka. Gegen Morgen, im Stehen kurz vor dem Gehen, singen wir die Nationalhymne: Noch ist Polen nicht verloren! Beim Abschied sagen wir unsern Nachbarn: Eigentlich wollten wir Lammkeule essen. Und sie: Lammkeule in Berlin? Könnt ihr vergessen!

Kürzlich in der Kneipe (mit Blick auf den Schwarzwald und die Vogesen und drum herum Kuhwiesen) am Nebentisch zwei Paare Anfang sechzig, Typ altlinke Lehrer kurz vor der Pensionierung. »Wir wagen's ja kaum

zu sagen, aber in drei, vier Jahren, da könnten wir uns
schon vorstellen, wieder hier runter zu ziehen«, beich-
ten die einen den andern. Sie sind von sich selbst enttäuscht. Soll ja nicht alles umsonst gewesen sein. Häu-
serkampf. Rote Hilfe. Und am Ende: ein Häuschen am
Rand des Markgräflerlands.

Ein Prof von der Humboldt (Niederbayer) erklärt an
einem Freiburger Tresen: Außerhalb von Berlin ist phi-
losophisch sowieso nichts geboten. Als Deleuzianer, der
er ist, dürfte man eigentlich keinen so zentralistischen
Käse daherreden. Auch wenn wir alle, die nicht in Berlin
leben, uns heimlich dafür schämen, dass wir nicht in
Berlin leben.

Am schönsten ist Berlin zwischen dem Ost- und dem
Hauptbahnhof vom fahrenden ICE-Fenster aus. Als
Schopenhauer gefragt wurde, warum er eigentlich so
schlecht über die Welt rede, obwohl die Welt doch auch
schön sei, meinte er: Zum Anschauen schon, aber nicht
zum Drinwohnen. Die Welt, so meinte er, sei schließlich
kein Guckkasten – und also auch kein ICE-Fenster.

Dabei war's ja tatsächlich schön in unserem Dorf:
Abendessen in der »Osteria«, Einkaufen in der Bergmann, auf dem Heimweg noch ein Umweg über den
Chamisso, manchmal auch eine schnelle Kreuzberg-Be-
steigung, dann wieder Abendessen im »Austria«, vorher
noch Einkauf in der Markthalle am Marheineke mit dem
aparten Buchladen und der aparten Französin, die nie
eines meiner Bücher in den Regalen stehen hat, dann
wieder Abendessen bei »Enzo«, wo's Bohnensalat mit
Minze gibt, manchmal auch richtige Ausflüge, ins »Einstein« oder »Jolesch« oder sogar in den »Prater«, Frühstück dann wieder im »Vereinszimmer« (gegenüber der
»Osteria«, »Little Italy« sagen auch manche, um es nicht

mit der Altberliner Kneipe von vor zehn Jahren zu verwechseln, in die keiner von denen, die jetzt drin sitzen,
reingegangen wäre). Selten war so viel Dorf.

Andererseits: Das Gemüse, egal ob vom Türken oder
von Kaiser's, schaut in Berlin immer genauso müde
aus, wie's dann auch schmeckt. Überhaupt: Berlin ist sowieso hässlich. Am meisten da, wo es grandios sein will.
Sieht's von Weitem etwas prächtig aus, wirkt's aus der
Nähe bloß plump und mächtig: Schinkel-Bombast, ohne
jede Eleganz, bloß klobige Potenz. Was aber auch wieder das Schöne ist. Schließlich wissen wir ja: Idylle lügt
und trügt! Weshalb man ja auch in Berlin leben muss.
Mitten im richtigen Leben. So, wie es wirklich ist. Einer-
seits.

Allerdings ist's auch mit diesem wirklichen Leben
nicht mehr weit her, seit Kreuzberg nicht mehr Kreuzberg ist. Es hatte was, als Berlin noch Hauptstadt war.
Hauptstadt der DDR. Allein wegen Kreuzberg! Die ganze
Nacht die Kneipen offen! Seit alle frei sind, ist's langweilig.

Andererseits gibt's ja noch den »Diener«, in dem alle
an der Wand hängen, die man auch mal gekannt hat.
Und wenn man dann mal wieder bis morgens um fünf
im »Diener« sitzt, sagt man ständig bis morgens um
fünf: Hier im »Diener« sind wir früher immer bis morgens um fünf gehockt.

Andererseits: die billigen Wohnungen. Und essen gehen für die Hälfte. So billig wie Berlin ist sonst nichts. Alles andere – Hamburg, Frankfurt, Freiburg – muss man
sich erst mal leisten können.

Wer behauptet, in Berlin gäbe es keine Metzger, ist
natürlich ein Idiot. Aber an Heiligabend gibt's wirklich
keine. Außer vielleicht am Kollwitzplatz (falls stimmt,

was uns da einer gesagt hat). Was will man da machen?
In Freiburg gibt's zwei an jeder Ecke.

»Hier in Berlin finde ich nichts, das mich auch
nur auf einen Augenblick erfreuen könnte.«

Heinrich von Kleist, 1801

ANKE GREIFENEDER

So Not Munich

Als ich vor drei Jahren Freunden und Kollegen mitteilte, dass ich für einen neuen Job von Berlin nach München ziehen würde, war die Bestürzung groß, die Reaktionen vielfältig: Betablocker anbieten, spontanes In-den-Arm-Nehmen, Angebote, im Gästezimmer zu wohnen, bis ich einen anderen Job in Berlin finden würde – alles war dabei. Die Bestürzung wandelte sich in blankes Entsetzen, als ich verlauten ließ, dass ich gezielt in München gesucht hatte und Berlin einfach nicht meine Stadt sei. Ungläubig wurde ich gefragt, was um alles in der Welt ich denn ausgerechnet in München wolle, in der Provinz? »Du willst wirklich nach Bayern, wo sie gerade erst das Zweiparteiensystem entdeckt haben, die Mieten völlig überteuert sind und der Anteil von kreditkarten gefärbten Blondinen höher ist als in Las Vegas?« Ich wollte, und zwar so schnell wie möglich! Berlin und ich, das klappte einfach nicht. Und dabei hatte alles so hoffnungsvoll begonnen …

Gerade von London nach München zurückgekehrt, verkündete mein damaliger Arbeitgeber MTV, dass wir endlich dahin zögen, wohin der Sender gehöre, nämlich nach Berlin! Was war die Vorfreude groß, denn nach Berlin wollte ich schon immer. Die Vorzeichen standen günstig: Mein Vater war in Berlin geboren, viele gute Freunde lebten dort und liebten es. Alles, was aus Berlin kam, war irre kreativ, frech und rotzig. Berlin – das klang nach

Freiheit, nach riesigen renovierten Altbauwohnungen
zum Spottpreis, nach Underground und gleichzeitig viel
Wasser und Grün. So zumindest wurde uns die Stadt
schmackhaft gemacht, was für mich nicht nötig gewesen
wäre, denn ich beschloss, mich in der Hauptstadt pudel-
wohl zu fühlen – am Puls der Zeit. MTV war ein äußerst
großzügiger Arbeitgeber, wir durften auf bezahlte Wohnungssuche, und so fuhr ich eines Tages im November
mit dem ICE in den Ostbahnhof ein, um Wohnungen in
Prenzlauer Berg, Friedrichshain und Mitte anzuschauen.
Hier tobte die Szene, hier war man mittendrin, wie der
Name bereits suggerierte, zudem bezog MTV ganz in der
Nähe an der Oberbaumbrücke Quartier, direkt neben
Universal in schicken modernisierten Backsteingebäu-
den an der Spree, mit Schiff für die Künstler vor der Tür.

Der Empfang an jenem Freitag, dem 13. November,
war trist und grau. Gut, was wollte man auch schon mitten im Winter erwarten? Von grüner Stadt natürlich
keine Spur, dafür ein fieser Ostwind aus der Uckermark
im Nacken und eine Gruppe grölender Neonazis samt
Schäferhundstaffel. Ab ins Taxi, wo ich als Fahrer einen
DDR-Nostalgiker erwischte, der meine Begeisterung darüber, nach Berlin zu ziehen, gleich drosselte, indem er
berichtete, wie all die jungen hippen Unternehmen hier
pleitegingen und genau am Osthafen, wohin MTV zog,
angeblich gerade Pixelpark und ein paar andere Firmen
hopsgegangen seien. Während wir Richtung Alex fuhren, vorbei an verlassenen Plattenbauten – auch »Honecker Gedächtnissiedlungen« genannt –, in denen, wie
man an den wenigen Lichtern erkennen konnte, nur
noch vereinzelt Menschen wohnten, hielt er eine flam-
mende Rede gegen den Kapitalismus – das Trinkgeld
nahm er dann aber doch ganz gerne.

Die Wohnungssuche gestaltete sich leicht: Es gab schöne und bezahlbare Altbauwohnungen zuhauf. In diesem Punkt hatte Berlin alle Versprechungen gehalten.

Neu war hingegen, dass eine gewisse Abneigung gegen Autos mit Münchner Kennzeichen zu spüren war. MTVs Geschäftswagen waren anfangs noch mit dem Kennzeichen M-TV ausgestattet, was in Berlin nicht auf Gegenliebe stieß. Die E-Mail eines Kollegen mit angehängtem Beweisfoto, das sein Auto mit einem großen braunen Haufen auf dem Dach zeigte, der zweifelsohne nicht von einem Hund stammte, war nur der Anfang. Einer anderen Kollegin wurde ihr BMW angezündet, zwei weiteren Kollegen das Auto geklaut, was sie erst nach einiger Zeit bemerkten, da die Parkplatzsituation in Prenzlauer Berg nicht die einfachste war und man sich nicht immer erinnern konnte, wo man das Auto am Abend abgestellt hatte, und nicht wusste, ob es vielleicht mal wieder von der Stadt »umgesetzt« worden war.

Wegen zerkratzter Autos drehte man sich nicht mehr um, und sogenannte Graffiti, die Mitteilungen wie »Gute Heimreise« auf der Motorhaube hinterließen, wurden mit einem Achselzucken quittiert. Überhaupt überlegte ich, dass es besser war, aufs Fahrrad umzusteigen, nachdem ich Abend für Abend »Hasch mich, ich bin der Frühling« mit anderen Bewohnern und Kneipengängern rund um den anwohnerfreien Helmholtzplatz gespielt hatte, um den letzten freien Parkplatz im Kiez zu ergattern. Der Polizeipräsident schrieb mir öfter als meine Eltern, woraus ersichtlich wird, was passiert, wenn die Nerven nach einem langen Arbeitstag strapaziert sind, man einfach nur essen und die Lieblingsserie sehen will und sich nach endlosen Schleifen denkt, dass

der Strafzettel immer noch die bessere Alternative zum
Amoklauf darstellt.

Immerhin füllte ich auf diese Weise die Kassen, mit
denen die Stadt endlich Hundehaufen beseitigen lassen konnte. Die fingen wirklich an zu nerven, auch das
Sprühgeschmiere an jeder Haustür und freien Wand.
Mit Graffiti hatte das nichts zu tun, mit Kunst schon gar
nicht. Das war nichts anderes, als wenn ein Hund das
Bein hebt, um sein Revier zu markieren. War es möglich? War ich spießiger als gedacht? Störte ich mich
im Ernst an Hundehaufen, Schmuddel und sogenannten Sperrmüllecken, die, als »gute Tat« getarnt, allen die
Möglichkeit gaben, ihren Schrott zu entsorgen? Ich, deren Zimmer durch die Pubertät hindurch von meinen
Eltern nur als »Mülldeponie Ost« bezeichnet wurde und
die sich immer über die Sagrotan-Muttis lustig gemacht
hatte, die bei jedem Keim anfingen zu hyperventilieren?
Falls ich eine Schmuddelschmerzgrenze besaß, brachte
Berlin sie zutage. Heimlich begann ich mich nach den
sauberen Münchner Gehsteigen zu sehnen, eingerahmt
von blühenden Kastanien und diesem unfassbar blauen
Himmel ohne eine Wolke. Der Himmel über Berlin war
nichts anderes als ein schöner Titel, denn meistens war
er ziemlich verhangen und auch an Sonnentagen nie
richtig blau.

Natürlich war ich von mir selbst enttäuscht. Wie
konnte es sein, dass ich, die ich mich für offen, für einen
Freigeist hielt, mit den so kreativen Menschen aus aller
Herren Länder nicht in den Berlin-Hype einstimmte?
Dass ich nicht entzückt war von der rauen, unprätentiö-
sen Stadt, die arm, aber sexy sein sollte? Wieso fingen
die ständig unaufgeregt auf Understatement gestylten
Mitte-Typen mit Mac unterm Arm im Café an, mich zu

nerven? War es die Art, wie sie von »total wichtigen Projekten« sprachen, immer mit künstlerischem Anspruch natürlich und ihrer Zeit voraus, ganz anders, neu und ach so Berlin? Mir wurde das Gehabe zu abgehoben, zu perspektivlos, und ich merkte, dass ich tatsächlich zielorientiert bin und Ergebnisse sehen möchte beziehungsweise Ideen *umsetzen* will, anstatt ständig nur darüber zu reden. Das Unangepasste wurde anstrengend, und der soziale Zwang, was »echt Abgefahrenes« zu machen, war im Grunde auch nichts anderes, als wenn Unternehmereltern ihre Sprösslinge zum Golfkurs verdonnern und erwarten, dass sie Handicap drei erreichen. Dieses angesagt »Coole« fühlte sich für mich irgendwann nach Gleichgültigkeit an, emotional heruntergefahren und zu sehr darauf bedacht, ja nichts zu machen, was kommerziell und erfolgreich war.

Was mir aber wirklich fehlte, waren die Herzlichkeit und das Lachen, das ich in Berlin erwartet hatte. Lebensfreude, Optimismus schienen nicht angebracht, dafür war das Leben zu ernst und Berlin einfach zu anstrengend, laut und rough, alles schien ein Kampf, es war aufreibend. Kein Wunder – in einer Stadt, in der eine so große Arbeitslosigkeit herrscht, kann auch mal einer schlechte Laune haben, und das zu Recht. Wie schon Brecht sagte: »Erst kommt das Fressen, dann kommt die Moral.« Wenn ich in der zweiten Generation Hartz IV groß werde und mein bester Freund die Perspektivlosigkeit ist, bin ich auch nicht ständig am Trällern.

Manche finden genau diesen Lebenskampf inspirierend und brauchen das Chaos, das Improvisierte und Raue, um kreativ zu sein. Mich hingegen zog es eher runter. Überhaupt verstärkte sich das Gefühl, dass viele Berliner ihre Stadt zwar über alles lieben, aber mit ihrem Leben selbst oder ihrem Lebensstandard unzufrieden sind.

Das Einzige, was dann tröstet, ist die Tatsache, dass man nicht alleine ist. Meine Freundin Marie machte vor allem den Ostteil für die Stimmung verantwortlich. Es war nicht so, dass sie sich Berlin und seinen Stilblüten verschloss, im Gegenteil, die Jungs vom Lack-und-Leder-Laden, die seltsame Masken verkauften, waren ihr die Liebsten, weil sie immerhin ihr Geschäft schön dekorierten, Blumenkästen anbrachten und der Vermüllung entgegenwirkten. Maries Geduld mit dem Ostteil der Stadt war zu Ende, nachdem ihr alter Golf dreimal aufgebrochen, ihr nigelnagelneues Fahrrad nur ein paar Stunden nach dem Kauf aus dem Hinterhof geklaut worden war und ihr Nachbar Olli, der für sein Leben gern mit seinen Kumpels bei offenem Balkon Landserfilme sah und sich besinnungslos trank, mit der Rettung geholt werden musste. Der Anruf ihrer Hausverwaltung, ob sie sachdienliche Hinweise zum Fensterklau im Haus geben könne, gab ihr den Rest. Kurzerhand zog sie in den Westteil und ist seither sehr glücklich.

Meinen Traum von einer funktionierenden Beziehung zwischen Berlin und mir wollte ich trotzdem nicht aufgeben, und so konzentrierte ich mich auf all die positiven Dinge, die Berlin zu bieten hat: tolle Kinos, eine unfassbar gute Radiolandschaft mit meinem Lieblingssender Radio eins, den Wochenmarkt auf dem Kollwitzplatz am Samstagmorgen, wo man nicht nur frische Pasta, sondern auch glückliche Bio-Eier bekam, das »Mao Thai« in der Wörther Straße, die Nationalgalerie, den Gropiusbau, kleine individuelle Geschäfte, das Jüdische Museum, Spreefahrten und vor allem gute Freunde. Es gelang mir immer wieder, die schönen Seiten Berlins zu sehen, aber egal, wie sehr ich mich anstrengte, der Funke wollte einfach nicht überspringen. Es war wie in der Liebe: Nur weil jemand der Beschreibung nach toll klingt, heißt das noch lange nicht, dass man sich automatisch in ihn verliebt.

Immer wenn ich von einer Reise wieder nach Berlin zurückkehrte, kam ich nicht nach Hause, sondern in eine große, mir fremde Stadt. Dabei empfand ich Berlin nicht als *eine* Stadt, sondern als flächendeckende Ansammlung vieler kleiner Städte. Was war Berlin? Der Ku'damm oder die Friedrichstraße? Der Grunewald oder Dahlem mit seinen hochherrschaftlichen Villen und eigenen Seen, Pankow mit den Künstlerkolonien oder Marzahn samt seinen sozialen Brennpunkten? Wahrscheinlich ist es diese Vielfältigkeit, wofür Berlin geliebt wird, die Möglichkeit, zig verschiedene Leben und Lebensformen in einer Stadt zu finden – jedem Tierchen sein Pläsierchen oder jedem Berliner seinen Kiez.

Dabei mag ich Vielfalt, kulturelle Unterschiede. Das ist einer der Gründe, weshalb ich so gern in London gelebt habe, mit den verschiedenen Sprachen, unterschiedlichen Essen und Menschen aus allen Erdteilen, die die Stadt so spannend machen. London empfand ich als freundlicher und fröhlicher. Berlin kam mir zerrissen vor, mir fehlte das Verbindende, vielleicht bin ich auch, aus Süddeutschland kommend, zu sehr von einem Stadtkern geprägt, einer Mitte, um die sich eine Stadt bildet. Die Amerikaner benutzen die Redewendung: »You can take a girl out of Kansas, but you can't take Kansas out of the girl.« Vielleicht trifft das auf mich zu, die ich im idyllischen Schwarzwald aufgewachsen bin, wo es mehr Bäume als Menschen gibt. Vielleicht bleibe ich im Herzen ein Landei und eine Provinzheidi, brauche frische Luft, viel Grün und anstatt groovy Undergroundklubs einen Biergarten im Sonnenschein.

Je länger ich in Berlin lebte, umso mehr fehlte mir der Süden, wo es im Winter länger hell bleibt und wo die Berge mit ihren Alpenwiesen in der Nähe sind. Die Sehnsucht wurde immer stärker, in Berlin fehlte mir mehr und mehr die Perspektive, und irgendwie schien ich damit nicht ganz allein zu sein. Oft genug sah ich Firmen, die gerade mal eine Dependance mit zwei Hanseln aufmachten, um auch ein Büro in der Hauptstadt zu haben; große Konzerne, die zunächst wegen der Subventionen nach Berlin zogen, um dann die neuen schönen Glasgebäude wieder zu räumen und noch mehr leerstehenden Wohn- und Geschäftsraum zu hinterlassen. Von allen Seiten war immer wieder der Satz zu hören: »Berlin braucht noch zehn bis zwanzig Jahre.« So lange wollte ich aber nicht warten, erst recht nicht, als die Anti-Schwaben-Demos begannen.

Zwar bin ich keine reine Schwäbin, sondern eine Promenadenmischung. Väterlicherseits habe ich einen österreichischen Großvater vorzuweisen, eine Großmutter, die aus Ostpreußen stammte und die mit meinem Vater nach längerem Aufenthalt in Berlin auf die Nordseeinsel Pellworm floh. Die Familie meiner Mutter kommt aus Schwaben. Da ich ja, wie gesagt, im badischen Schwarzwald geboren und aufgewachsen bin und in dem kleinen schwäbischen Städtchen nicht auf mehrere Generationen verweisen konnte, die auf dem Waldfriedhof lagen, und da ich auch den heimischen Dialekt nicht sprach, fühlte ich mich immer schon als »Reingschmeckte« und nicht wirklich dazugehörig. Schwaben kenne ich recht gut durch meine Ferien, die ich bei meinen geliebten Großeltern in der Nähe von Tübingen ver-

Nee, det is keene Demo.
Det is Kinderjartenfeiera'md
uff'n Prenzlauer Berg.

brachte. Auch die Seiten des Ländles, die mir wohl fremd bleiben werden wie die Kehrwoche, der immer noch gelebte Protestantismus, die Sparsamkeit und die Angst, was wohl die Nachbarn denken. Diese Mentalität mag wohl auf die »Große Kirchenverordnung« von 1559 zurückgehen, in der in Württemberg Vorschriften erlassen wurden, die das tägliche Leben bis ins Detail regelten. Die vom Pietismus mitgetragenen Gängelungen wurden durch den Kirchenkonvent überwacht. Fürs Petzen bekam man Kohle, es gab Aufpasser, die jeden Bürger und jede Überschreitung melden sollten. Wer faulenzte, musste zahlen, und der Petzer bekam ein sogenanntes Anbringdrittel. Keine schöne Mentalität und kein Klima, in dem man mal fünfe gerade sein und sich gehen lassen kann. Am interessantesten in diesem Zusammenhang ist wohl das »Generalrescript« von 1781 gegen »Übelhäuser«, das besagte, dass jeder, der seine Landwirtschaft nicht gut betrieb und sein Haus »verludern« ließ, enteignet wurde. Wer einen Übelhäuser verpfiff, bekam zur Belohnung ein Drittel des enteigneten Guts. Kein Wunder also, wenn jeder nach außen hin den Staubwedel und den Kehrbesen schwang, um für die Nachbarschaftsstasi keinen Vorwand für eine Enteignung zu liefern. Beine hochlegen und Seele baumeln lassen stand nicht eben hoch im Kurs.

Unterschiedlicher könnten die zwei Mentalitäten »Berlin ist eine Party, wir sind arm, aber sexy« und »Schaffe, schaffe, Häusle baue und ned nach de Mädle schaue« nicht sein. Allerdings verwundert es dann doch, wenn die weltoffenen Großstadtseelen plötzlich kleinkariert und ziemlich unentspannt Plakate mit Schwabenhassparolen kleben und zu Demos gegen die Schwaben aufrufen. Das passt so gar nicht zum lockeren Berliner

Image. Natürlich kennt man die Argumente: Da kommen die leistungswilligen, gut ausgebildeten Schwaben nach Berlin, haben Kohle, renovieren Häuser, treiben die Miete in die Höhe, wagen es, ihre Wohnungen sauber zu halten – und bringen die angebliche Kleinstadtmentalität mit in den Kiez. Manch Berliner sieht sich schon unterwandert und fürchtet sich nicht mehr so sehr davor, eines Tages Kopftuch tragen zu müssen, sondern, die Kehrwoche im Haus zu haben. Am schlimmsten sei der Dialekt: »Hend se mer a Weckle?« anstatt »Haste mal ne Schrippe?«. Dass Schwäbisch im besten Fall niedlich, aber bestimmt nicht sexy klingt, müssen wir nicht diskutieren, aber Berlinerisch ist nun auch nicht gerade das, was man Musik in den Ohren nennt. Wo bleibt denn die viel beschworene Offenheit und Toleranz, weswegen ganze Heerscharen nach Berlin fliehen, um ebender Enge manch schwäbischen Dorfs zu entfliehen? Wie wär's mit einem Blick nach Köln, wo unter dem Motto »Jede Jeck es anders« gut miteinander gelebt und umgegangen wird? Ich kann mich weder mit der Kehrwochenmentalität anfreunden noch mit der Berliner Aggro-Stimmung, und deshalb halte ich es mit Thomas D., packe meine Sachen und bin raus, mein Kind. Anke G. ist auf der Reise und hat Rückenwind. Sollen sich Schwaben und Berliner darum prügeln, wer die Hundehäufchen wegmacht, ob es *der* oder *das Joghurt* heißt. Ich verzieh mich nach München, wo einfach jeder, der nicht aus Bayern kommt, Preuße ist, ob Schwabe oder Berliner – wenn das mal keine Ironie ist …

Seit knapp drei Jahren lebe ich wieder in München, fahre mit dem Fahrrad auf gut ausgebauten Radwegen durch die grüne Stadt, lausche dem Eisbach und den

Isarauen mitten im Englischen Garten, trinke Radler
und esse Obazden, lese *Süddeutsche Zeitung*, gehe auf
dem Viktualienmarkt einkaufen und im Glockenbach-
viertel aus, sitze entspannt im Biergarten, zahle zwar
irre viel Miete, bekomme dafür aber an Lebensqualität
so viel zurück, dass es mir nichts ausmacht. Das öffentliche Nahverkehrsnetz ist ein Traum, denn anders als in
Berlin funktioniert es auch im Winter, der Flughafen ist
mit Direktflügen international angebunden und erfor-
dert kein dauerndes Umsteigen. Die Pinakothek und das
Brandhorst-Museum locken mit tollen Ausstellungen,
die Oper wird gut besucht, und die Arena, die architek-
tonisch wirklich gelungen ist, leuchtet abends wunder-
schön in Rot, Blau oder Weiß. An den Wochenenden
fahre ich manchmal raus an die Seen oder in die Berge
und komme geerdet und erholt zurück. Und einmal im
Jahr gehe ich auch im Dirndl auf die Wiesn und esse das
beste Hendl überhaupt.

Kürzlich wählte das englische Trend-und-Lifestyle-
Magazin *Monocle* München zur lebenswertesten Stadt
der Welt. Begründung: die Kombination von Investment
in die Infrastruktur, hohen Wohnqualität, niedriger Ver-
brechensraten, liberaler Politik, starker Medienpräsenz
und einem generellen Gefühl von Gemütlichkeit. In diesem Zusammenhang will ich nicht verschweigen, dass
die Magazinrecherchen nicht die allergründlichsten waren und *Monocle* immer noch davon ausgeht, dass München den Transrapid bekommt, aber all die anderen
Gründe wie Sauberkeit, barocke Atmosphäre der Stadt,
niedrige Arbeitslosigkeit, weiß-blauer Himmel, hohe Ge-
burtenrate und die Surfer am Eisbach sind durchaus
valide.

Vielleicht ist es nicht so hip und angesagt, mein München, aber hier kann ich durchatmen, es gemütlich angehen lassen und ohne Hektik leben.

Letzten Samstag war ich mit dem Fahrrad in Schwabing unterwegs. In der Hohenzollernstraße hielt an der Ampel neben mir, ebenfalls auf dem Fahrrad, unser Oberbürgermeister Christian Ude von der SPD, seine Aktentasche auf den Gepäckträger geklemmt, ohne Bodyguards oder große Limousinen, wie ich das aus Berlin von Klaus Wowereit kenne. Ude grüßte freundlich und fuhr dann gemütlich weiter an dem kleinen Blumenstand vorbei. So stelle ich mir meine Stadt vor. Alle Berliner Freunde, die sich Sorgen gemacht haben, was der Umzug nach München mit mir anstellt, kann ich beruhigen:

Ich bin nicht in die CSU eingetreten, trage kein Dirndl zur Arbeit, bin nicht im Schützenverein und gehe nicht mit meinen neureichen Freunden am Wochenende auf die Jagd. Ich date keinen FC-Bayern-Spieler, bin nicht Stammgast im »P1« und spreche auch nicht anbiedernd bayerisch!

Was nun Berlin angeht: Wir haben unseren Weg gefunden.

Ich habe einfach gemerkt, dass Berlin und ich für den Alltag nicht gemacht sind, uns zu sehr aufreiben und Kraft kosten, aber als Fernbeziehung funktionieren wir perfekt. Ab und zu fahre ich gerne hin, freue mich, Freunde zu sehen oder die Berlinale zu besuchen. Nehme die vielen Reize, interessanten Menschen und Museen mit, begeistere mich an der Undergroundkultur und neuen Trends. Gehe in den kleinen Geschäften einkaufen und esse Currywurst an der Schönhauser Allee. Ich hab zwar keinen Koffer in Berlin, aber viele tolle Freunde, und deshalb muss ich wieder hin. Doch der

Himmel – der Himmel über München ist einfach nicht
zu toppen oder, wie Thomas Mann es in seiner Novelle
Gladius Dei formulierte: »München leuchtete. Über den
festlichen Plätzen und weißen Säulentempeln, den anti-
kisierenden Monumenten und Barockkirchen, den sprin-
genden Brunnen, Palästen und Gartenanlagen der Resi-
denz spannte sich strahlend ein Himmel von blauer
Seide, und ihre breiten und lichten, umgrünten und
wohlberechneten Perspektiven lagen in dem Sonnen-
dunst eines ersten, schönen Junitages.«

»Berlin hat mir viel genützt, obgleich ich es nicht liebe;
denn das Volk ist mir zuwider. ... Doch sehne ich
mich recht herzlich einmal nach Hause und wünsche
Berlin zum Teufel.«
Gottfried Keller, 1851

HENNER KOTTE

Bürger haften für ihre Hauptstadt

Diese Stadt ist ein Muss. Ich fuhr nie und ich fahre niemals ohne Anlass in die Hauptstadt der Republik. Es lagen und liegen stets triftige Reisegründe vor. Und für meinen längsten Aufenthalt wurde ich 1982 gar nach Berlin *berufen*. Die Karte im Briefkasten kam nicht unerwartet, es war ein unscheinbarer Vordruck, und alle konnten den Ort meines zukünftigen anderthalbjährigen Berliner Zwangsaufenthaltes lesen. Ich war entsetzt. Jeder andere Ort wäre mir lieber gewesen. Berlin galt als gnadenlos, hart und gefährlich (was es auch war). Und als Grenzsoldat in der Frontstadt des Kalten Krieges wurde man weder von den Heimischen noch von den Bürgern des Landes gemocht – bemitleidet schon. Grün war meine Waffenfarbe. Heute bin ich froh, das Stigma »Mauerschütze« nicht öffentlich tragen zu müssen. Nein, ich habe diese Stadt nie gemocht. Heute noch weniger als vor Jahren.

Diese Stadt ist eben ein Muss. Ich kenne niemanden, der freiwillig seinen Wohnsitz in die Hauptstadt verlegt. Nach Berlin wird man gezwungen. Meist ziehen die Betroffenen aus beruflichen Gründen um. Wer Karriere machen will und wollte, ist in Berlin im Zentrum des sogenannten gesellschaftlichen Geschehens, außerhalb der Stadtgrenzen ist landesweiter Aufstieg so gut wie unmöglich. In Berlin wohnt die Nomenklatura. Kooptierung in die politische oder kulturelle Oligarchie ist nur vor Ort möglich. Das ist heute nicht anders als früher im Staat DDR.

Allerdings zogen viele der mir Bekannten nach der Erlangung ihres Rentenalters freiwillig in die Provinz zurück. Heimat ist ihnen die Stadt nicht geworden. In Berlin hält sie nichts. Erst recht kein Koffer. Den hat nur jemand in Spree-Athen stehen, der auch dort geboren wurde. Das ist in der Regel die zweite oder dritte Einwanderergeneration. Und diese Einheimischen zelebrieren dann ihre Verbundenheit mit der Metropole, vom Fackelumzug bis zur Berlinale, vom Bankenskandal bis zur Obdachlosenspeisung. Diese Stadt muss in den Nachrichten an erster Stelle genannt werden. Sie hat es einfach verdient, Schlagzeilen zu machen, und sie hat die Menschen, die's tun: die Merkel, die Knef, Dagobert, Weizsäcker, Wowereit, Rolf Eden, Desirée Nick, Sascha Anderson, Brigitte Mira, Willi Brandt, Marlene Dietrich, Gregor Gysi, Harald Juhnke, Adolf Hitler, den Kaiser, den Hauptmann von Köpenick, die Hexe vom Schiffbauerdamm und, und, und.

Berlin war immer weit weg, aber diese Stadt ist ein Muss. Verwandte hatten dorthin ihren Wohnsitz verlegen wollen und müssen, und deshalb wurde ich als Kind schon hin und wieder in die Hauptstadt meines sozialistischen Vaterlandes gekarrt. Ich erinnere mich an Fahrten im Trabant auf beängstigend leeren Autobahnen. Staus habe ich mir anno dazumal nicht vorstellen können, und den Verkehrsmeldungen des Deutschlandfunks lauschte ich, als wären sie Zitate aus Zukunftsromanen und nicht westliche Gegenwart.

Berlin lag außerhalb meiner Heimat, gehörte aber irgendwie zum Land wie ein Buckel oder ein hässliches Mal zum Körper – es verschwindet nie, man muss sich damit arrangieren. Berlin tat und tut, als wäre die Stadt etwas Besonderes unter den deutschen Städten und den Metropolen der Welt. Gar mit einer sichtbaren Grenze hatte sie sich einst umgeben. Die Postenhäuschen am Stadtrand fielen in den Siebzigerjahren. Bis dahin musste man tatsächlich vor dem Betreten der Kapitale den Ausweis zücken. Dann schauten strenge Polizisten nach den Personalien und winkten einen hinein oder auch nicht. Das Berlin-Verbot war ein beliebtes Restriktionsmittel für Systemunwillige, die hatten zur Strafe in der Provinz zu bleiben.

Diese Stadt gehört nicht zu unserer Heimat dazu. Eine angestrebte Kooptierung ins Land wird ihr verweigert. Den permanenten Bemühungen der Berliner, im Land Brandenburg Aufnahme zu finden, widersetzt sich die Bevölkerung immer wieder erfolgreich. Berliner hat keiner gern. Viele der in der Hauptstadt Beschäftigten nehmen denn auch ihren Wohnsitz nicht am Arbeitsort, sondern siedeln außerhalb, zum Beispiel im lieblichen Potsdam. Parallelen sind offensichtlich: Auch die Staatsmänner des sozialistischen Deutschlands wohnten nicht in Großberlin, sie nahmen Quartier im Umland, in der Waldsiedlung Wandlitz. Damit verhielten sie sich wie frühere Herrscher. Sanssouci – allein der Name spricht für sich. Auch des Königs Lieblingsort lag außerhalb.

Aus früheren Zeiten hab ich Berlin in der Nase. Diese Stadt stank, je näher man ihr kam. Eltern verwiesen mich damals auf die Berlin umgebenden Rieselfelder. Das waren räudig gepflügte Parzellen, mit Strauchwerk exakt voneinander getrennt. Von ihnen stieg der Geruch der Scheiße gen Himmel. Ich seh die sprühenden Güllewagen noch vor mir. Bis heute werden die Fäkalien der dreieinhalb Millionen Bewohner im Umland entsorgt.

Für Berlin galten immer andere Maßstäbe. Berlin nennt sich gern Metropole. Und auch die sozialistischen Staatsführer waren darauf bedacht, genau solches Flair der Welt zu präsentieren. Ich erinnere mich an eine Karikatur, wo der Berliner Bär mit galanter Geste eine Banane frisst und die Schale ins Land wirft. Die Zeichnung sprach der Provinz aus dem Herzen. In den Kaufhallen der Hauptstadt waren die Regale gefüllt, andernorts blieben sie leer. Ich kann bis heute schwer nachvollziehen, dass Ketchup und saure Gurken Mangelware gewesen sind. Wenn die DDR was hatte, dann doch dieses Gemüse. Im Ostberliner Einzelhandel waren Wurstsorten im Angebot, die wir außerhalb nicht kannten. Auch gab es H-Milch ausschließlich in Berlin. Ich trug die blau-weißen Dreieckstüten im Rucksack nach Hause. Bei uns matschte nur Frischmilch in Plaste.

Leseland DDR. Die Jagd auf Bücher westlicher Lizenz gestaltete sich in der Hauptstadt wesentlich erfolgreicher. In der Provinz bekamen Buchhandlungen, wenn überhaupt, *ein* Exemplar der Werke von Sjöwall/Wahlöö, Hemingway oder Böll. Das harmlose Sudelbuch *King Ping Meh* avancierte aus solchen Gründen zum Porno und wurde millionenfach gelesen. In Berlin lagen derartige Druckerzeugnisse in der Auslage. Wer Verwandte in der Hauptstadt hatte, schrieb Listen mit der Bitte um zu erwerbende Literatur und ließ sie sich von seinen Berlinern besorgen. Gern zahlte man drauf, um für diese Dienste zu danken. Oft wussten die beauftragten Käufer nicht, warum wir von außerhalb so gierig nach ihren Besorgungen waren. Treffen mit Berliner Verwandten wiesen große Ähnlichkeit zum Westbesuch auf: Die rochen anders und brachten das mit, was wir einfach nicht erlangen konnten.

Apropos Kultur und Buch. Die großen Berlin-Romane nährten zwar die Neugier auf die Stadt, aber zum dortigen Leben verleiteten sie nicht. Döblins *Berlin Alexanderplatz* zeigt die Stadt als Sumpf einer Halbwelt, der zu entfliehen dem Helden nicht gelingt. Fallada fragt: *Kleiner Mann – was nun?* Auch dieses Schicksal regte zum Nachvollzug nicht an. Die Zeichnungen des Milljöhs von Heinrich Zille schreckten. *Die Mörder sind unter uns* in den Ruinen. Das Alexandrow-Ensemble rockte den Gendarmenmarkt. »Freie Deutsche Jugend, bau auf!« Ganze Jugendbrigaden wurden aus dem Lande zur »FDJ-Initiative Berlin« bestellt, um Marzahn und Hellersdorf hochzuziehen. Manche der Bauarbeiter blieben. Benno Pludra beschrieb die Betonsiedlungen als *Insel der Schwäne* und schilderte sehr einfühlsam die schwierige Integration von Mecklenburger Neu-Berlinern. Der Film geriet auf den sozialistischen Index. Auch *Wir Kinder vom Bahnhof Zoo* oder *Linie 1* förderten keinesfalls das Zutrauen. *Die Legende von Paul und Paula* blieb eine fantastische Liebesgeschichte, die man kaum selbst vor Ort erleben würde. Einzig das *Cabaret* der Zwanzigerjahre hätte überzeugen können. Aber das war Leben vor mehr als einem halben Jahrhundert, und die Braunhemden saßen schon im Publikum.

Die Führung der Arbeiter- und Bauernmacht versuchte manches, um in Berlin Weltstadtflair zu verbreiten. Louis Armstrong trat im Friedrichstadtpalast auf. Johannes Heesters sorgte für einen Eklat. 1973 gab es internationale Weltfestspiele. Weltstars gastierten nicht nur im Schauspielhaus, dem Palast der Republik oder dem *Kessel Buntes*. Udo Lindenberg bestieg den »Sonderzug nach Pankow«. 1988 rockten Bruce Springsteen und Bryan Adams am Sterbelager des ersten sozialistischen Staates auf deutschem Boden. Man tat was, um international dazuzugehören. Aber das blieben Einmaligkeiten, und die DDR-Stars kannte man nur im eigenen Land. Da gaben Monika Herz, der Oktoberklub oder der Chor der Parteiveteranen den Ton an. In aller Stille hörte man City, Silly oder Lift.

Internationalität? – Ja, es gab in Berlin schrägere Mode, schrägere Typen, die kleine Freiheit in Klubs oder Theatern. Aber auf den Straßen machten sich Trabant und Wartburg in ihrer Ausschließlichkeit weniger gut. So wurden neunzig Prozent der importierten VWs, Mazdas oder Peugeots den Einwohnern der sozialistischen Hauptstadt verkauft. Auch daran erkannte man Staatsnähe und Stars. Die Provinz fuhr weiter Trabbi und reiste des Morgens im Städteexpress zum Rapport, des Nachmittags wieder nach Hause.

Berlin ohne Mauer war für mich undenkbar. Sie war zementiert, und die Propaganda gab die Begründungen für ihre Existenz. Jeder Bürger wusste, dass am »antifaschistischen Schutzwall« auf Flüchtige geschossen wurde. Und es bleibt für mich absurd, dass ich für einen Begriff von Freiheit mein Leben hätte geben müssen. Es kam schlimmer: Ich wurde zum Grenzdienst einberufen, wurde Schütze an der Berliner Mauer.

Klar, ich hätte Nein sagen können. Natürlich. Aber ich habe es nicht gesagt. Ich habe Ja gesagt zur Schusswaffe und zu deren Einsatz. Mit einem Nein wäre ich meiner Zukunft verlustig gegangen, und deswegen sagte ich Ja. Meinen Studienplatz hatte ich sicher – Germanistik. Wir waren insgesamt zwölf im ganzen Lande, die das Fach studierten. Ich wollte dieses Studium. Es passte zu mir. Deswegen sagte ich Ja und wurde an die Mauer gestellt.

Auf dem Einberufungsbefehl stand »Grenztruppen der DDR Berlin-Wilhelmshagen«. Das klang nach Kaiserreich und Waldidylle. Treff war morgens um sieben am Bahnhof Dresden-Neustadt. Wir jungen Männer hatten ernste Gesichter. Auf der zehnstündigen Zugfahrt spielte ich nicht den Grand meines Lebens. Die Reise endete im preußischen Kiefernwald am Rand von Berlin, gleich neben dem berüchtigten Stasi-Regiment »Feliks Dzierzynski«. Dort lag die Ausbildungskaserne für uns Grundwehrgrenzdienstleistende. In sechs Monaten wurden wir für den Schutz des Vaterlandes fit gemacht. »Sie sind ab sofort kleine grüne Außenminister und repräsentieren unser Land an vorderster Linie«, sagte der Regimentskommandeur und lächelte nicht. Ein Aufenthalt in Berlin ist auch stets politisches Bekenntnis.

Ein Vorteil war die Militärbuchhandlung im Ausbildungsbataillon. Da lagen die raren Auflagen gestapelt wie Ladenhüter. Andererseits wurden wir zum Kinogucken verpflichtet. *Ich – Axel Cäsar Springer* – auch ein Berlin-Film, der nicht zur Verlegung des ständigen Wohnsitzes reizt. Ich erinnere mich netter Schlagersternchen, die zum Kassettenrekorder Marke »Anett« Stimme und Hüfte schwangen. In Neu Zittau habe ich mich in den Sand gegraben. In Neu Zittau tötete Gerhart Hauptmanns Bahnwärter Thiel seine Familie. Ein Zimmergenosse saß dem Irrtum auf, auch Cola könne besoffen machen, und trank sieben Liter davon. Auf den Toiletten fand ich ausgetrunkene Rasierwasserflaschen und ging mit Filzläusen ins Bett. Freundschaften wurden geschlossen – man sah einander nie wieder.

Dann ging's ab in die Regimenter, die den Grenzdienst versahen. Ich wurde in die Walter-Husemann-Kaserne nach Berlin-Pankow versetzt. Unser Regiment

sicherte die GÜSt von der Bornholmer Straße bis zur
Rudower Chaussee. Versah man an der GÜSt seinen
Dienst, war der Soldat nicht nur Mauerschütze, sondern
diente in vorderster Linie. GÜSt, das hieß »Grenzüber-
gangsstelle«. Uns trennte nur die weiße Linie vom anderen deutschen Staat. Am Bahnhof Berlin-Friedrich-
straße fuhren S-Bahn und Interzonenzüge. Ich stand mit
Pistolenhalfter an den Türen und gestattete den Omas
erst nach dem Pfiff den Einstieg. Auf dem Bahnhofsge-
lände gab es interessante Postenbereiche. Ich stand an
der Glaswand und überblickte die Halle. Ich saß hinter
dem undurchsichtigen Blechzaun am Bahnsteig C, der
für den Ostberliner Endstation bedeutete. Ich schaute
auf das Reichstagsgebäude und konnte den Konzerten
der Rockstars lauschen. Vom Posten Marschallbrücke II
guckte ich durch die Verstrebungen der S-Bahn-Brücke
über die Spree. An der Marschallbrücke I fuhren Schiff-
chen Waren gen Westen. Die Oberbaumbrücke hatte
zerstörte Türme, und die Linie eins endete am Schlesi-
schen Tor. Heiligabend und Silvester 1983 verbrachte
ich am Checkpoint Charlie. Sicher bin ich auch der
Frau begegnet, die 2007 von Veronica Ferres verkörpert
wurde: An diesem Ort zeigten Bürger Plakate, die den
Osten schmähten: DDR – Drangsalierung, Depressio-
nen, Repressalien. Bei solchen Vorkommnissen machte
der Postenführer seinem Vorgesetzten Meldung: Provo-
kation auf westlichem Territorium durch … Genaue
Zeit, genaue Personenbeschreibung, genaues Zitieren.
Manchmal enterte ein Genosse unseren Postenturm, um
die Demonstranten für die Stasi-Akten fotografisch fest-
zuhalten.

Das Dienstregime war Folter. Es war an keinem Tag
die gleiche Ruhezeit möglich. Im Rhythmus fuhren wir

auf Frühschicht, Spätschicht, Nachtschicht. Was hieß, den ersten Tag nachts um drei Uhr Wecken, dann Empfang der Waffen, Fahrt zum Posten, um sechs Uhr Dienstübernahme, acht Stunden Beobachtung des Hinterlandes und des westlichen Vorfelds. Anschließend Rückfahrt in die Kaserne. Gegen 16 Uhr Dienstschluss. Selten war danach Ausgang bis Mitternacht möglich. Tag zwei: sechs Uhr Wecken, Morgensport, Frühstück, Ausbildung. Wir hüpften über die Eskaladierwand, stürmten die Sturmbahn, übten Schießen. Dann Mittag, Fahrt zum Posten, 14 Uhr Dienstübernahme, 24 Uhr Bettruhe. Tag drei: Um acht Wecken, bis mittags um zwölf Training, dann Bettruhe, um 20 Uhr fertig machen zum Nachtdienst, früh um acht wieder im Regiment. Möglicherweise folgte ein Tagesausgang bis abends 20 Uhr, meist verschlief man den Tag. Urlaub: in anderthalb Jahren achtzehn Tage – sonst Dienst ohne Pause.

Keiner wusste bis zur Vergatterung, wer mit wem auf welchen Posten stehen würde. Nicht nur die acht Stunden Dienst waren Kommunikationstraining. Alle Bevölkerungsschichten, alle Berufe, alle Temperamente waren vertreten. Ich unterhielt mich über Schlagerstar Nicole und ihr bisschen Frieden, über den Geschmack des Mösenleckens oder den Ertrag später Erdbeersorten. Absurdes Theater auch die politische Belehrung vor dem Dienst. Meist referierte ein Offizier über die Machenschaften des Klassengegners, denn »gierend nach Jagdrevieren, die es längst schon verlor, zum Krieg noch fähig, wo zum Siegen nicht, grinst unter dem Schafspelz falscher Friedlichkeit hervor das alte, imperialistische Wolfsgesicht«. Zu Befehl! Müßig ist die Diskussion, ob ich wirklich geschossen hätte. Ein Grenzdurchbruch ist in meiner Dienstzeit nicht vorgekommen.

Nach diesem Grundwehrdienst war ich nervlich zerrüttet, hatte ein Drittel an Gewicht zugenommen, verbrauchte mit zitternden Händen pro Tag drei Kannen Kaffee. Verständlich, dass ich in absehbarer Zeit Berlin nicht mehr sehen wollte. Ich hatte auch in den nächsten Jahren kein Bedürfnis danach – bis 1989 Freunde ein Häuschen in Berlin kauften. Seitdem besuche ich die Hauptstadt wieder, ansonsten hätte ich bis heute keinen Grund dazu.

Dort angekommen bleibt Westberlin für mich eine Stadt, die ich nicht kenne und nicht kennen muss. An der ehemaligen Zonengrenze endet für mich das Interesse. Bis zum Berlin-Beschluss des Deutschen Bundestages gab es für mich in der Hauptstadtfrage keinen Zweifel. Erst die Diskussion ließ hoffen, dass Regierung und Behörden im fernen Bonn bleiben würden. Das Parlament entschied sich für die Tradition, und die Ämter ziehen bis heute noch um. Das Regierungsviertel im Spreebogen beeindruckt durch eine neue gigantomanische Architektur, die auch ihre Vorbilder kennt. Kafkaesk steht der Bürger davor und begehrt Einlass. Einzig der verhüllte Reichstag war hinsehenswert.

Als Wieder-Kapitale erscheint die Berliner Schnauze noch größer. Kaum nachvollziehbar, soll ganz Deutschland für dortige Museen und Theater, große Bahnhöfe und Festivals blechen. Der eloquente Bürgermeister tanzt auf jedem Ball, um die Botschaft unters Volk zu bringen. Bürger haften für ihre Hauptstadt!

Die Diskussionen der Berliner Stadtplaner sind für Auswärtige nicht zu ertragen. Verständlich aus Sicht der Sieger ist die Schleifung der Gebäude einer untergegangenen Epoche. Vertraute Anblicke von SEZ (»Sport und Erholungszentrum«) bis Leninplatz verschwanden. Mich dauert schon der Abriss des asbestverseuchten Palasts der Republik, während die Sanierung der asbestverseuchten Berliner Philharmonie für mich vergleichsweise keinen Sinn ergibt. Ein Stadtschloss benötigt weder Berlin noch Potsdam. Die Bauten am Potsdamer Platz wurden als Stadt der Zukunft gepriesen und existieren als ein gruslig totes Viertel. Selbst der Starauflauf der Berlinale gerät alljährlich dort ins Frieren. Kein Pelzmantel hilft.

Die schnellen S-Bahnen der Berliner Verkehrsbetriebe rollen qua verfehlter Wirtschaftspolitik nicht mehr so oft durch die Metropole. Die Schifffahrt ist der schnellen Zeit nicht angemessen. Mit dem Auto steht man im Stau. Theaterkarten kosten sündhaft viel Geld. Ich habe mich in dieser Stadt nie verliebt. Nutten und Stricher verlangen höhere Preise als anderswo. Das MoMA besuche ich lieber in New York als am falschen Platze. Eine Berliner Karriere strebe ich auch in Zukunft nicht an. Ich sehe wirklich keinen Grund, diese Stadt aufzusuchen. Es sei denn, es gibt mir in Berlin einer einen drauf aus.

Diese Stadt ist nämlich nur im Privaten zu ertragen. Tschechows *Drei Schwestern* beschwören Moskau als das Ziel all ihrer Träume. Berlin wird eine solche Sehnsucht nie gelten.

»Die Deutschen haben entweder den Geschmack verloren, oder sie haben nie welchen besessen: Die deutschen Damen kleiden sich nicht geschmacklos, sondern geradezu scheußlich, die Männer ebenfalls, in ganz Berlin gibt es keine einzige schöne Frau, die nicht durch ihren Aufputz verunstaltet wäre.«
Anton Tschechow, 1904

WIEBKE LORENZ

Brief an Berlin

Eigentlich hatte ich nie etwas gegen dich, Berlin. Du und ich – wir waren uns egal. Warum auch nicht? Wir kannten uns ja kaum. Bis auf einen kurzen Besuch im Alter von fünfzehn Jahren – zusammen mit meinen Großeltern einmal den Ku'damm hoch und runter, Kaffee und Kuchen im »Kranzler«, dann noch rüber in den Osten zum Alexanderplatz – hatte ich mit dir nie was am Hut. Du lagst hinter der Mauer, eine seltsame Insel in einem noch seltsameren Land. Nein, in meiner rheinischen Heimat Neuss-Büttgen dachte man über dich wirklich nicht viel nach. Da hatten wir mit Schützenfest, Kirmes und Karneval genug zu tun; was du so treibst, lag unterhalb unserer Wahrnehmungsschwelle.

Bis die Mauer fiel und plötzlich alle durchdrehten. »Berlin!«, schallte es da auf einmal aus allen Ecken, »wir fahren nach Berlin!« Da habe ich dich zum ersten Mal misstrauisch beäugt, denn du hast dem netten, kleinen Bonn das Einzige weggenommen, was es hatte. Was uns Steuerzahler das gekostet hat, darüber wollen wir lieber gar nicht erst reden. Na gut, du sagst jetzt natürlich, du hättest ein Recht darauf gehabt und dir nur zurückgeholt, was dir eh schon einmal gehörte. Ein Standpunkt, auf den man sich natürlich stellen kann. Und ich hätte dir ja trotzdem auch eine Chance gegeben, denn irgendwas musste ja dran sein an diesem Hype um dich.

1991, da habe ich dich wieder besucht. Ich war jung, lebenshungrig und aufgeregt, denn ich hatte ein Vorstellungsgespräch beim Chefredakteur einer Berliner Zeitung. Dachte ich jedenfalls. Doch kaum hatte ich das Verlagshaus erreicht, wurde ich vom Blattmacher nur kurz per Handschlag begrüßt und danach mit einem Volontär zum Kaffeetrinken geschickt, der könne mir ja alles über den Job erklären. Nein, habe ich mir da gesagt: Berlin, so nicht! Also zog ich nach Hamburg, wo der Chefredakteur eines Magazins sich beim Vorstellungsgespräch zwei Stunden Zeit für mich nahm.

Weißt du, so hätte es bleiben können. Du da drüben in Richtung Osten, ich an der Elbe, jeder lebt sein Leben für sich. Ich mit meiner Alster, du mit deinem Wannsee, ich mit dem Meer vor der Tür, du mit deinem Spreewald und was du sonst noch alles als attraktive Naherholungsgebiete verkaufst. Aber das hat dir nicht gepasst, nicht wahr? Dass die meisten Menschen, so wie ich, ganz gut ohne dich auskamen. Dass du dich zwar Bundeshauptstadt nennen durftest, aber keiner dich so wirklich ernst nahm und beachtete.

Da ging es los mit deiner Gier, mit deiner grenzenlosen Geltungssucht. Nicht genug damit, dass du Regierungssitz warst, plötzlich fingst du an, alles an dich zu raffen, was nicht niet- und nagelfest war: Ob den Axel Springer Verlag, die Deutsche Bahn AG, die Popkomm, den Echo oder die Verleihung des Deutschen Filmpreises, ohne Rücksicht auf Verluste hast du anderen Städten das Liebste ausgespannt, ganz egal, wie die sich damit fühlten. Gut, die Love-Parade, die hast du hergegeben – aber über dieses traurige Kapitel will ich heute nicht mit dir reden.

Du bist protzig, Berlin. Dein Potsdamer Platz gleicht

einer Kulisse aus *Futureworld* – wer schon einmal zwischen den zugigen Hochhausschluchten stand und den eiskalten Hauch des »Höher, weiter, größer« verspürte, versteht, was ich meine. Den niedlichen Bahnhof Zoo hast du gegen den neuen Hauptbahnhof ausgetauscht, als Reisender geht man im Labyrinth aus Rolltreppen zwischen hoch und tief leichter verloren als bei einer Expedition in den Jemen. Doch hinter all dem aufgesetzten Glanz versteckt sich in Wahrheit ein schmutziger Moloch. Der Weg über deine Trottoirs gleicht einem Hindernislauf vorbei an zahllosen Hundehaufen, bei dem schnell klar wird, woher dein Name ursprünglich stammt: Aus der Silbe »berl« bist du entstanden, dem slawischen Wort für »Sumpf«. Und streite das jetzt nicht ab, schließlich singt sogar einer deiner größten Verehrer: »Guten Morgen, Berlin, du kannst so hässlich sein, so dreckig und grau.«

Wie machst du das dann trotzdem? Dass alle dich so toll und wichtig finden? Gar ein Quell der Inspiration sollst du sein! So diktierte es eine Autorenkollegin von mir (nein, den Namen nenne ich nicht, denn es geht hier um dich und nicht um sie) einem Journalisten der *taz* in die Feder, als sie sagte, die Hamburger Literatur sei auf Sensation und Witz fixiert, sie ziehe jetzt nach Berlin, denn sie wolle sich wieder ernsthafter mit Poesie beschäftigen. Versprühst du irgendwelche Drogen, ist dir die Kunst der Gehirnwäsche zu eigen, dass du Menschen dazu bringst, solch einen Unsinn zu reden? Nun gut, um diese Kollegin tut's mir nicht leid, ich hätte ihr sogar beim Kofferpacken geholfen und sie höchstpersönlich in den ICE zu dir gesetzt, auf den Weg Richtung »ernsthafte Poesie«. Während wir anderen armen Trottel – ob nun in Hamburg, München, Köln oder Pusemuckel – weiter unseren Murks produzieren, der ohne die Unterstützung durch dich ja schlicht und ergreifend nichts werden kann.

Das, Berlin, ist deine Arroganz, die ich meine – und sie grassiert wie ein tobendes Virus, für das scheinbar vor allem junge Künstler anfällig sind. Schriftsteller, Schauspieler, Musiker, Maler, sie alle stürzen sich in Scharen auf dich in der Hoffnung, hier das zu finden, was sie in ihrem Innern nicht entdecken können. Das Ergebnis ist bekannt, es nennt sich *Axolotl Roadkill* und ist – ebenso wie du – zusammengesetzt aus Ideen anderer.

So, Berlin, und genau das ist der Grund, weshalb ich in Hamburg bleibe, denn ich brauche dich nicht für mein Selbstwertgefühl. Mag sein, dass du die Weltstadt der Kultur, Politik, Medien und Wissenschaft bist, ich selbst bevorzuge das Tor zur Welt, um weiterhin einen offenen und toleranten Blick hinaus in die Weite zu haben. Und, um es mit den Worten deines amtierenden Bürgermeisters zu sagen: »Das ist auch gut so!«

»Stellen Sie sich ein Genf vor, das in einer Sandwüste verloren ist, und Sie haben eine Idee von Berlin. Es wird vielleicht eines Tages die Hauptstadt von Deutschland werden, aber immer wird es die Hauptstadt der Langeweile sein.«
Honoré de Balzac, 1843

ANDREAS IZQUIERDO

Fuck Berlin

Meinem Kumpel Heckmann fiel's zuerst auf, und einmal darauf aufmerksam geworden, beobachtete ich die Berliner ganz genau und stellte fest: Er hatte recht. Er hatte ja so was von recht! Das Erstaunliche daran jedoch war, dass es offenbar außer ihm und mir noch nie jemandem aufgefallen war, denn ansonsten hätten Presse und Fernsehen aus aller Welt über Wochen, Monate, wenn nicht Jahre darüber berichtet. Wissenschaftler, Psychologen und Soziologen wären zu Hunderttausenden in diese Stadt eingefallen, um zu erforschen, wie zum Teufel man sich eigentlich ungeschlechtlich vermehrt.

Hat man in Berlin je Paare knutschen sehen? Oder auch nur Händchen halten? Verliebte Blicke? Irgendwas in der Art? Gibt's da überhaupt Paare? In Köln, wo ich herkomme, gibt es jede Menge Paare … Gut, da sind auch viele gleichgeschlechtliche dabei, die sich schon aus biologischen Gründen nicht vermehren können, aber eben auch ganz viele ganz normale Paare. Da gibt es Knutschen, Händchenhalten, verliebte Blicke – oder wenigstens lüsterne. Es gibt Lachen, Trinken und Herzlichkeit. Und Berlin? Da gibt es überhaupt keine Anzeichen, dass sich die Geschlechter in gegenseitigem Gefallen nähern. Oder sich überhaupt irgendwer irgendwem nähert. Also muss der Berliner eine Möglichkeit gefunden haben, sich ungeschlechtlich zu vermehren, denn es gibt ihn ja schließlich.

Aus Kölner Sicht kann ich die Einsamkeit des Berliners auch verstehen: Wer möchte beim Flirt schon gern angeschrien werden? So ein schneidiges »NA, MÄDEL, JETZT MAL SCHÖN NACH HAUSE KNATTERN! ABBA ZACK, ZACK!« wird in der Regel selbst von einer hartgesottenen Cracknutte in der empfindlichen Phase des Kennerlernens als einen Hauch zu offensiv empfunden. Also bleibt er allein, der Berliner, und hat aus seiner Bitterkeit eine Sünde gemacht: Jeder, der dumm genug ist, sich als Auswärtiger in dieser Stadt aufzuhalten, wird angeschrien.

Busfahrer, Taxifahrer, Supermarktkassiererin, Kellner, unbeugsamer, total aufgeklärter, nihilistischer Hauptstadtfreigeist ... alle halten sie zusammen, wenn es darum geht, Fremden auf die Nerven zu gehen, denn seinen preußischen Kasernenhofton ist der Berliner leider nie losgeworden. Und er empfindet das auch noch als Teil seines ganz besonderen Charmes. Liebe Berliner: Niemand auf der ganzen Welt findet derlei charmant – aus dem einfachen Grund, weil es nicht charmant *ist*. Es ist rüde, kalt, beleidigend, und es ist der Grund dafür, dass die Engländer uns immer noch als Nazis parodieren. Dass Polen Furcht vor einem Einmarsch haben. Ihr seid quasi die Wagners der Entwicklungsgeschichte. Während sich der Rest eher Mozart, Bach oder Haydn verwandt fühlt.

Letztens saß ich in der Berliner S-Bahn, als plötzlich die Tür aufflog und einer ins Abteil brüllte: »ICK MACH HIER MAL NE DURCHSAJE, WA!«

Ich fahr öfter mal ohne Fahrschein, was in Köln kein Problem ist, weil man da nicht kontrolliert wird, aber ich schwöre, ich fahre nie wieder schwarz in Berlin: Puls und Blutdruck springen innerhalb von einer Sekunde

auf dreihundert, weil ich denke, hinter mir steht einer
mit aufgepflanztem Bajonett und will meinen Pass sehen. Und die blöde Fahrkarte.

Tatsächlich steht da aber nur ein ungewaschener
Typ, der nicht genug Geld von unserem ach so tollen
Staat bekommt. Und darum macht er jetzt mal 'ne
Sammlung. WA?! Ich hasse es, angeschrien zu werden.
Und dann auch noch in diesem scheußlichen Dialekt!
Ständig sieht man Wilhelm den Zweiten vor sich, der mit
zitternden Schnurrbärten »WO JIBTS DENN SO WAT,
WAT, WIE, ODER?!« brüllt. Ständig muss man ihm aus-
weichen, dem Berliner, weil er sein Ego wie die Bug-
welle der Titanic vor sich herschiebt. Und das aus nur
einem einzigen Grund: weil er ja Berliner ist.

Doch woher kommt das? Möglicherweise liegt es daran, dass der Berliner an sich ja alles bekommt, ohne
freundlich sein zu müssen. Schließlich war er mal Welt-
hauptstadt – in den Zwanzigern. Davon zehrt er immer
noch. Und obwohl Berlin seit dem Kriegsende von anderen durchgefüttert wurde – und damit meine ich nicht
die Rosinenbomber der Alliierten –, hat sich das Be-
wusstsein von monumentaler Größe auf unheilsame Art
von Generation zu Generation vererbt. Ungeschlechtlich. Und damit offenbar als Genkopie seines marschie-
renden, blaffenden Vorfahren. So unverwässert, dass
man sagen kann, dem Preußen im Allgemeinen und
dem Berliner im Besonderen geht die Sonne über dem
Bauchnabel auf und hinter dem Skrotum wieder unter.

Eine solche Welt der eigenen Anziehungskraft schafft
natürlich Selbstbewusstsein und die absolute Überzeu-
gung, Mittelpunkt des Universums zu sein. Wer schon
mal mit einem total innovativen Kreativen ein wahnsinnig intensives und in die Tiefe gehendes Gespräch über

die freien Künste in Berlin geführt hat, weiß, warum es
die Klugscheißer der ganzen Welt hierhin zieht: Hier
werden sie für Zivilversagertum nicht nur bezahlt, sondern auch noch gefeiert.

Dabei gab es nach 1945 durchaus spannende Zeiten
in dieser Stadt, vor allem während des Kalten Krieges,
als die Stadt die Grenze zum Reich des Bösen war.
Damals war Berlin eine Insel, die verteidigt werden
musste, und die Mauer war wie eine dünne rote Linie,
die Auenland von Mordor trennte. Damals hatten die
Berliner noch die Sympathien auf ihrer Seite, auch weil
sich relativ wenige rübertrauten auf die Insel und so
nicht die Möglichkeit hatten, sie in ihrer ganzen Lie-
benswürdigkeit kennenzulernen. Vielleicht hätte man
dann die Insel freiwillig hergeschenkt, doch stattdessen
ist Mordor untergegangen und Auenland abgebrannt.
Zurückgeblieben ist nur die Insel, heute jedoch eher die
des Dr. Moreau.

Was mich quasi nahtlos zur Mauer bringt, meinem
Lieblingsthema. In einer Stadt, in der so gut wie nichts
produziert wird außer Fernsehfilmen und heißer Luft,
reißt man das Einzige ab, womit sich leicht so viel Geld
hätte verdienen lassen, dass Berlin zur Abwechslung
mal andere hätte unterstützen können, statt sich ewig
durchzuschnorren. Millionen wären gekommen, um sich
die Mauer anzusehen, den Todesstreifen. Osten und Westen der Stadt.

Generationen hätten am Beispiel Berlins Geschichte
gelernt und verstanden. Eine blühende Hotel- und Gas-
tronomielandschaft wäre entstanden, um all die Touristen aufzunehmen. Wohlstand und Reichtum wären
über die Stadt gekommen, Kultur und Wissenschaft
hätten aus dem Vollen geschöpft, Rütli-Schulen hätten

keine Schlagzeilen gemacht, selbst Hertha würde in der Championsleague spielen. Diese Stadt wäre zum Singapur des Westens geworden: sauber, ruhig, florierend. Und möglicherweise hätten all die wissbegierigen Ausländer besänftigend auf die Berliner Schnauze einwirken können, hätten den fatalen Selbstvermehrungsprozess gestoppt und durch eine Auffrischung der Gene aus den Einheimischen vielleicht doch noch soziale Wesen gemacht.

Aber was macht man als Erstes mit all dem mühsam Erschaffenen des Kalten Krieges? Abreißen. Alles abreißen. Kein Checkpoint Charlie, kein Spionaustausch auf der Glienicker Brücke, keine Mauer. Fast dreißig Jahre hat die Welt auf diese Stadt geschaut wegen der Mauer, und was machen die? Sie reißen sie einfach ab. Als ob man in Paris den Eiffelturm abmontieren würde oder in London den Tower und die dazugehörende Brücke. Jetzt weiß man nicht einmal, wo Osten und wo Westen ist oder auch nur die Mitte – in einer Stadt, die so absurd groß ist, dass der Besuch eines Freundes in einem anderen Stadtviertel wie eine Expedition zum Nordpol geplant werden muss. Und ungefähr genauso lange dauert.

Wenn man sein Ziel überhaupt findet, denn Orientierung ist völlig unmöglich. In jeder katholischen Stadt steht eine Kirche in der Mitte, vorzugsweise ein Dom, und jeder weiß, wenn er sich mal verirrt, wohin er zurückmuss. Da würde eine Mauer helfen. Aber was ist schon von einer Stadt zu erwarten, in der auf der einen Seite gottlose Protestanten, auf der anderen nur Gottlose wohnen? Geschäftssinn ist da nicht zu erwarten. Oder Vernunft. Oder Demut.

Und was ist die Konsequenz? Verschuldung bis zum Notstand, Hertha abgestiegen, Dreck bis in den ersten

Stock und dazu im Winter dieser schneidende Wind aus Sibirien, sodass es in dieser Stadt auch noch saukalt ist. All das hätte man sich sparen können, wenn man die Mauer nur dagelassen hätte.

Wenn's nach mir ginge, könnten wir die Mauer wieder hochziehen, aber diesmal nicht durch die Stadt hindurch, sondern drum herum. Dazu ein Schild dran: »Bitte nicht füttern – Einwohner müssen sich zur Abwechslung mal selbst ernähren.«

Das Einzige, was tröstet, ist, dass seit geraumer Zeit nicht nur Klugscheißer und Politiker, sondern auch viele Schwaben die Stadt heimsuchen. Da weiß man nicht, was schlimmer ist: Berlinerisch oder Schwäbisch. Als Außenstehender kann man sich entspannt zurücklehnen – so oder so: Sie haben einander verdient.

Was bleibt zu sagen über Berlin außer, dass man froh ist, dort nicht leben zu müssen? Irgendwas Versöhnliches zum Schluss, etwas, das Hoffnung macht. Außer ein paar prächtigen Monumentalbauten und dem dringenden Wunsch, seine Einwohner umzusiedeln, irgendwo hinter den Ural, weil die Russen so viel Platz haben und es deswegen möglicherweise gar nicht mal bemerken würden, bleibt da nur noch Edgar Hilsenrath, dem aus unerklärlichen Gründen immer noch nicht der Nobelpreis für Literatur verliehen wurde. Er ist wirklich die Zierde dieser Stadt, wenn er auch gar nicht dorther kommt, sondern nur da wohnt. Aber ich will jetzt nicht kleinlich sein. Daher will ich meinen kleinen Essay ihm widmen, seiner großen Könnerschaft, seinen wunderbaren Büchern, und abschließen in Anspielung an den Titel eines seiner Bücher, das Hilsenrath mal über Amerika schrieb.

Fuck Berlin.

Mehr gibt's darüber nicht zu sagen ... dabei tun sie nicht mal das.

»M. hat nicht für einen Groschen Geschmack, wenn er behauptet, die Berlinerinnen seien schön; lauter kahle Kiefer alias zahnlose Münder. Und sie putzen sich, dass es um die herrlichen zerschnittenen Musselins für solche sämisch ledernen Puppen wahrlich zu schade ist.«

Frédéric Chopin, 1828

SABINA NABER

Affäre beendet

Vor zehn Jahren war der Bahnhof Zoo noch kein Regionalbahnhof, sondern der Hotspot für Menschen aus aller Welt, die Berlin besuchten – und suchten. Ich war eine von ihnen.

Damals saß ich, so wie jetzt, dem Zoo gegenüber in der Nachmittagssonne und begann meine Affäre mit dir, mein liebes Berlin. Nein, es war nicht Liebe auf den ersten, sondern auf den zweiten Blick, du warst ja wirklich hässlich damals. Da war kein erster Ankerpunkt wie in den meisten anderen Städten, denn das Zentrum war entweder unter der grauen Schicht nicht erkennbar oder einfach zerstört. Dafür überkam mich das Gefühl dann umso heftiger. Zu lange Trennungen machten mich krank, zumindest ein Mal im halben Jahr, dann jedes Jahr musste ich nachsehen, wie es dir ging. Mich mit dir Hoffnungen und Exzessen hingeben. Wir beide hatten das Gefühl, alles ist möglich. Baukräne verstellten den Horizont, Menschen wurden zu Firmen mit der für den Rest der Welt aufregend mutigen Adresse Berlin. Denn der Mauerfall war zwar schon zwölf Jahre Geschichte, aber dennoch ließ das unbürokratische Chaos viele Big Player sich mit Vorsicht dir nähern. Wir passten zusammen, beide wollten wir alles, das sofort und dabei auch noch Spaß. Ich stand knapp davor, mich von Wien scheiden zu lassen und mit dir zusammenzuziehen. War es Instinkt, der mich zögern ließ, oder war es das Wissen, dass Affären nur in den seltensten Fällen für dauerhafte Beziehungen taugen?

Damals warst du noch immer geteilt: Unkraut zwischen den Pflastersteinen im Osten, Eleganz im Westen. Jetzt ist der Prenzlauer Berg voll mit Dachterrassenwohnungen, und Moabit verlottert. Damals fühlten sich Ossis und Wessis wie Expeditionsteilnehmer, wenn sie die imaginäre Grenze überschritten, und waren aufgeregt, als sie das Unbekannte in sich aufnahmen, Widerwillen und Angst sich in nichts auflösten. Jetzt schieben Nachgeborene ökologisch korrekt ausgesuchte Kinderwagen über den Kollwitzplatz und lassen ihre Kleinen mit Helmen auf einem künstlichen Abenteuerspielplatz toben. Damals warst du zerschossen, jetzt bist du saniert. Damals gab es keine Blumenrabatten auf den Kreuzungen, sondern nur Gestrüpp, kaum Nobelrestaurants, dafür Beisln mit anarchistischem Gegröle. Damals saß ich auf dem Asphalt beim Park von Friedrichshain und huldigte mit Berlinern Freunden in einer Spontan-Performance Garcia Lorca. Jetzt verkoste ich unweit davon Wein und Bioschwein. Statt des Palazzo Prozzo (diese Erinnerung an die Vergangenheit wäre zu ungeschönt) gibt es jetzt die U-Bahn-Station Brandenburger Tor; natürlich mit einer Permanentausstellung über deine Glorie.

Alles ist schön und glatt und glänzend, vieles arriviert, sogar das »Tacheles« eine Kunsthalle. Und alle Menschen freuen sich, vor allem die Souvenirhändler, die ständig den Touristen erklären müssen, wo einst die Grenze verlaufen ist, und es selbst kaum mehr wissen. Du machst die Vermarktung deiner Vergangenheit gut. Mein Liebling ist der hübsche Soldat am Checkpoint Charlie. Aber ich, die ich aus Sissis Goldkäfig Wien komme, kann dir in puncto Folklore noch ein paar Tipps

geben: Schokoladentaler mit dem Konterfei von Honecker, einen Sonderzug nach Pankow, mit Udo Lindenberg beschallt, Tempelhof als Kartonhäuschen für die
Kleinen zum Basteln, den Fernsehturm als Dildo, die
Mauer als Borte auf einem Schlafrock.

Versteh mich nicht falsch, liebes Berlin, ich gönne dir
die schönen Wohnungen und geebneten Straßen, die
schmackhaften Lokale und bunten Geschäfte, ich gönne
dir Lebensqualität, wie ich sie hier in Wien habe (und
das wirst du bald erreicht haben), und ich mag dich
auch noch immer, sehr sogar und aus tiefstem Herzen …
aber ich finde dich nicht mehr sexy. Man will ja nicht
auswärts Schnitzel essen, wenn man Schnitzel daheim
hat. Oder anders gesagt: Meine Liebe, du bist erwachsen
geworden und wirst bald so saturiert sein wie Wien.
Deshalb ist für mich die Affäre beendet. Aber ich wünsche mir eines sehr: Lass uns Freunde bleiben. Wie zwei
Erwachsene das eben so tun.

»Aber, unter uns gesagt, je öfter ich Berlin sehe, je gewisser
wird es mir, dass diese Stadt, so wie alle Residenzen und
Hauptstädte, kein eigentlicher Aufenthalt für die Liebe ist.
Die Menschen sind hier zu zierlich, um wahr, zu gewitzigt,
um offen zu sein. Die Menge von Erscheinungen stört das
Herz in seinen Genüssen.«

Heinrich von Kleist, 1800

STEFAN BONNER / ANNE WEISS

Meine hat den Größten

My home is my Kassel. Nie weg aus Einbeck. Aktuelle Studien einer grönländischen Forschungsgesellschaft ergaben, dass über 99,3 % der Deutschen niemals freiwillig ihre Heimatstadt verlassen würden, selbst wenn diese im entlegensten Teil der Provinz liegt und sie ihr Domizil direkt zwischen Kuhwiese und einem Windrad aufgeschlagen haben, dem neuesten Lieblingshassobjekt unserer atomentwöhnten Landsleute. Laut basisphysiologischem Grundlagengutachten der grönländischen Wissenschaftler sind die Gründe dafür zahlreich. Zum einen liegt es daran, dass die Geschmacksknospen der Deutschen sich schneller als jene anderer Völker auf den Genuss der örtlichen Braukunst einstellen – der Beginn einer lebenslangen Leidenschaft. Ergo: Trotz kulinarischer Vielfalt, von Kölsch über Alt bis hin zu Weizen und herbem Pils, ist die Biersorte des eigenen Heimatortes immer die beste.

Darüber hinaus sind wir Deutschen Gewohnheitstiere – wie unser Ficus auf der Fensterbank gedeihen wir am besten in bekannter Umgebung. Wir wollen auch ohne Navi zum Bäcker finden, und ein Wechsel der Nachbarn hat für uns in etwa den gleichen Reiz, als würden wir unsere Lieblingsfernsehsoap abrupt absetzen. Nicht zuletzt hat man festgestellt, dass die in unseren Breitengraden Aufgewachsenen üblicherweise schon als Kinder nach wenigen Jahren in den Schemen der Landschaft ihr eigenes Antlitz und das ihrer Lieben zu erkennen vermeinen. Ein Wohnortwechsel kommt daher einer seelischen Verstümmelung gleich.

Ganze 0,7 Prozent der Deutschen müssen jedoch als vogelfrei gelten; sie haben keine Heimat und erkennen ihr Konterfei nicht im nächsten Hügel. Während sie noch vor einigen Jahren orientierungslos durch die Lande streiften, beobachten Hobbydemografen inzwischen, dass sich diese rastlosen Menschen zu einem Reisetrupp gen Osten formiert haben. Kurz: sie ziehen nach Berlin. Schon schließen sich bislang heimatverbundene Menschen an, weil der Strom sie mitreißt und sie dem glauben, was der Siedlertreck verkündet: Die Provinz, so sagen die Reisenden, sei out – die Hauptstadt hingegen der einzig lebenswerte Ort. 0,7 Prozent der deutschen Bevölkerung sind eine ganze Menge, sodass der Rest der Deutschen stark verunsichert zurückbleibt.

Was soll so toll sein an Berlin? Warum sind einige lieber taub als in Tauberbischofsheim, lieber kahl als in Karlsruhe oder lieber ohne Mann als in Mannheim? Warum halten sie stattdessen Berlin für die coolste Erfindung seit dem Hamburger?

Die Antwort ist so einfach wie verblüffend: Diese Umzugswilligen glauben, Berlin sei allen anderen Städten in allem überlegen. Diese Wahrnehmung jedoch entbehrt jeder Grundlage. Oder etwa nicht?!

Immerhin ist das Ziel der Reisefreudigen eine Stadt, die Sex für armselig hält (oder war es umgekehrt, Armut für sexy?), ein Ort, der es sich zur Aufgabe gemacht hat, heimatlose Schwaben mit in Pappbecher abgefülltem Latte macchiato auszustatten und ihnen eine Café-tischunterlage für ihre Laptops zu bieten, damit sie in Prenzlberg »irgendwas mit Medien« machen können. Es ist eine Superstadt, die sich für kein beknacktes Event zu schade ist: zum Beispiel ein Karneval der Kulturen, der absurderweise bei schönstem Sommerwetter Festwagen durch viel zu breite Straßen schickt und bei dem statt Kölsch oder Altbier lieber Caipirinha getrunken wird. Andererseits erfrieren dafür im Winter immer wieder Kulturinteressierte, die zu lange für Karten auf der Berlinale angestanden haben. Warum um alles in der Welt wollen Leute da hin?

Es hilft nur ein Vergleich mit anderen Orten, um zu belegen, dass Berlin nicht überlegen ist. Und daher lassen wir Berlin auf den folgenden Seiten gegen eine andere beliebte Metropole antreten: Köln. Die Auswahl der Stadt Köln erfolgte nach einem ausgeklügelten System: Wir Autoren kennen sie am besten, denn wir leben dort. Und noch etwas: Nur schlappe fünfhundert Kilometer liegen zwischen den beiden Städten, und doch könnten die Gegensätze nicht größer sein.

Verglichen mit Berlin ist Köln mit seiner an der Million kratzenden Einwohnerzahl ein echtes Kuhdorf. Beide Städte haben einen Fluss, nur dass dieser in Berlin ein Rinnsal ist, verglichen mit dem Rhein, der immerhin laut statistischen Erhebungen der beliebteste aller deutschen Flüsse ist (aber das nur, weil wir bei PISA Letzte geworden sind – die anderen Flüsse kennt ja durch unsere mangelhafte Bildungspolitik eh kein Schwein). Ring frei also für die beiden Kontrahenten: Köln vs. Berlin! Möge die Bessere gewinnen!

Wer hat den Größten?
Fernsehturm Berlin vs. Kölner Dom

Der Fernsehturm auf dem Alex ist auf den ersten Blick nur ein längliches Bauwerk mit einer eigentümlich knittrigen Kugel, die zwar ein wenig nach verschrumpeltem Apfel aussieht, aber dafür mit ihrer rostbraunen Bauchbinde früher farblich eine stimmige Ergänzung zu den Fenstern des Palasts der Republik darstellte, solange dieser noch nicht dem Erdboden gleichgemacht war. Jahrelang war er so ein modisches Statement und ein wortloser Ausdruck des Mein-Haus-meine-Mauer-mein-Fernsehturm-Gefechts: Ditt is unsrer, wa?!

Angeblich ist der ausgestreckte Mittelfinger aus Beton darüber hinaus die Antenne der unterirdischen Raumstation »c-base«.

Klingt alles etwas abstrus, finden Sie? Wir auch. Wer nun meint, dass wir mit dem Colonius in T-Pink dagegenhalten, kennt die Kölner schlecht: Jedes Gebäude wird grundsätzlich erst einmal mit dem Dom verglichen, weil wir dann in jedem Fall besser abschneiden.

Für den Kölner ist jeder Mensch bedauernswert, der in seiner Stadt nicht über ein solches Prachtwerk wie diese gotische Kathedrale verfügt, die für jeden veritablen Karnevalssong herhalten muss und die mit ihren zahlreichen Nischen während der tollen Tage auch als größte Toilette am Rhein dient. Außerdem: Wer den größten Dom hat, hat den Allmächtigen ganz automatisch auf seiner Seite. Es kann schließlich kein Zufall sein, dass der Rest der Stadt im Krieg nur noch ein Haufen Kieselsteine war, dass man aber rein zufällig das größte Bauwerk einfach nicht getroffen hat. Das Ausmaß der Zerstörung sorgt auch dafür, dass man den Köl-

nern das im Vergleich mit Berlin recht unelegante Stadt-
bild nicht ankreiden kann. Wäre der Dom damals
ebenfalls zur Gänze eingestürzt, dann müssten wir jetzt
Düsseldorf mit Berlin vergleichen. Der Kölner an sich
liebt deswegen seinen Dom umso mehr.

Im Übrigen können Hunderttausende amerikanische
und japanische Touristen nicht irren, die jedes Jahr verzweifelt versuchen, dieses Riesenbaby einer Christen-
kapelle der ganzen Länge nach in ihre Fotoapparate
zu pressen. So gewinnt Köln diese Runde mit seinem
Katholikenfestsaal Nummer eins. Das sollen wir erst mal
beweisen? Nee – manches muss man einfach glauben!

Who loves it?
Currywurst vs. Rievkooche

Wurscht und Kartoffelpuffer überbieten einander darin,
wer ungesünder und ungenießbarer ist. Das Lebensmit-
telinstitut Burkina Faso hat herausgefunden, dass die
typische Berliner Currywurst neben 142 verschiedenen
Geschmacksverstärkern aus ökologischem Untertage-
bau in Wirklichkeit gar kein Fleisch enthält, wie man ge-
meinhin annimmt, sondern aus Schlamm aus dem Golf
von Mexiko gefertigt ist, was im Grunde genommen auf
eine Füllung aus Altöl hinausläuft. Erstaunlich, dass
Menschen kilometerlang dafür anstehen, ungenießbare
Stopfpelle mit einer Soße aus Curry und Abfalltomaten
zu verzehren. Das ist Berlin, da wird das Gewöhnliche
zum *state of the art* erhoben.

Schwer für Köln, das hauptstädtische Essensdesaster
noch zu überbieten – aber was als regionale Spezialität
in der Domstadt in Umlauf ist, macht der gemeinen Berliner Currywurst starke Konkurrenz.

Wie Berlin
zu seinem Wappentier kam

Auf dem Teller oder der Plastikschale paart sich satt im Öl von vorvorgestern frittierter Kartoffelabrieb im sanften Liebesspiel mit Schwarzbrot und Apfelmus. Eine Kombination, wie sie sich allein ein Mensch ausdenken kann, der so fantasiebegabt ist wie ein Rheinländer, der gerade aus dem Brauhaus wankt.

Die deftige Küche beider Regionen in allen Ehren, hier steht es eins zu eins – der Rheinländer frohlockt, da er weiß, dass er noch andere Widerwärtigkeiten wie Blootwoosch, Himmel un Äd und Halve Hahn ins Feld führen kann, wenn es hart auf hart kommen sollte. So lebt es sich einfach entspannter in der kulinarischen Mitte Deutschlands – und dafür erhält Köln gleich noch einen Bonuspunkt.

Who is wo?
Der Berliner Bär vs. Reiner Calmund

Dass Berliner ein Faible für Bären haben, ist nicht erst seit der tragischen Saga von Knut ein offenes Geheimnis. Wer allerdings glaubt, er müsste Plastikbären unterschiedlich lackieren und überall in der Stadt verteilen, der muss schon unter einer starken Überschätzung seines Wappentiers leiden.

Hier offenbart sich der Hang des Hauptstädters zum Größenwahn. Berliner Bären als Schlüsselanhänger, Tassendesign, Briefbeschwerer sowie Bärenköpfe als Skimaske, um damit Banken effektiv überfallen zu können – dies ist bestimmt das meistvervielfältigte Tier zwischen finnischer Elchplage und indischer Elefantenverehrung. Und so muss der Bär in der Schlacht der Städte selbstverständlich antreten. Überdies war Wowi im Vergleich einfach zu schmalbrüstig, um gegen Reiner Calmund

zu bestehen. Warum Calmund? Ganz einfach, Köln hat
kein Wappentier. Das Einzige, was hierzulande vom
Umfang her einem Bären gleichkommt, ist der Calli aus
Leverkusen, einer anderen Stadt im Rheinland, die der
Kölner aber nur als Chemievorstadtpark zur Kenntnis
nimmt.

Über Calmund wissen die meisten nicht besonders
viel, abgesehen davon, dass dieser unter Figurschwan-
kungen leidet und ein Fuchs war, als es darum ging,
gleich nach der Wende den Stürmerstar von Mielkes
Berliner Lieblingsklub abzugreifen.

Abgesehen von abendlichen Talkshow-Auftritten sind
die Einsatzmöglichkeiten eines Calmund allerdings begrenzt. Niemand mag ihn am Schlüsselbund mit sich
herumtragen, und niemand stellt in der Fußgängerzone
Skulpturen von ihm auf. Bekümmert nehmen wir zur
Kenntnis: Der Berliner Bär macht in diesem Fall das
Rennen!

Das Runde, das Eckige und das Vergeigte
Berliner Philharmoniker vs. 1. FC Köln

Es wäre ein Leichtes, den 1. FC gegenüber Berlin wie den
Karnevalsverein aussehen zu lassen, der er in Wahrheit
ist. Immerhin geben sich die Kölner allergrößte Mühe,
immer wieder in Würde abzusteigen, wenn sie es zufällig mit einem koksenden Trainer mal von der Zweiten
in die Erste Liga geschafft haben. Fußballer der Herzen
sind sie dennoch, und das ergibt in etwa ebenso viel
Sinn, wie den Kölner Hauptbahnhof in direkter Nachbarschaft zum Dom zu bauen.

Immer wieder sind Menschen verstört, wenn sie zum
ersten Mal in die Stadt kommen und bei Einfahrt über

die Hohenzollernbrücke feststellen, dass die Kirche auf Gleis eins steht. Böse Zungen behaupten, dass Kardinal Meisner seine hauptamtliche Wirkungsstätte sonst niemals finden würde, und ein Kölner Mythos besagt, dass die Kathedrale ohne den Bahnhof in Schieflage geraten würde – für alle Fälle hat man daher ein blaues Luftkissen neben dem Bahnhof platziert, das nebenbei als Musical-Spielstätte genutzt wird. Man hätte auf die warnenden Stimmen hören sollen, die rieten, den blauen Airbag kurzzeitig beim U-Bahn-Bau in der Nähe des Stadtarchivs zum Einsatz freizugeben. Hier griff jedoch bei den Bauherren die alte Kölsche Grundregel: »Et hätt noch immer joot jejange« – man verzichtete auf das Luftkissen, überließ das marode Stadtarchiv seinem Schicksal und berief sich, nachdem es eingestürzt war, notgedrungen auf den zweiten Kölschen Grundsatz: »Et es wie et es.«

Die Berliner Philharmoniker haben ähnliche Grundsätze – der einzige Unterschied besteht darin, dass in Planung und Ausführung tatsächlich immer alles gut gegangen ist und dass dies auch ist, wie es ist. Der Klang der Philharmoniker ist im Übrigen ebenso harmonisch wie der im Stadion, wenn tatsächlich mal ein Tor fällt – allerdings sind das beim 1. FC eher Tore, die für die gegnerische Mannschaft verbucht werden. Bei den Eintrittspreisen schneiden die Philharmoniker kaum besser ab als der Fußballklub – allerdings müssen sie die Musik selbst machen, anstatt darauf vertrauen zu können, dass Lieder über sie geschrieben werden. Wegen dieses ganz offensichtlich geringen Einsatzes der Berliner für ihr philharmonisches Orchester hagelt es Minuspunkte, die von den dicken Pluspunkten für die fantastische Musik neutralisiert werden. Wir bedauern, Ihnen mitteilen zu

müssen, dass die Sympathiepunkte für den Loserverein
so zahlreich sind, dass er siegreich aus dieser Schlacht
hervorgeht. Irgendwann muss er ja auch mal gewinnen.

Wo steppt der Bär?
Kiez vs. Veedel

Während das Wohnen in Berlin wegen der zuziehenden
0,7 Prozent der Bundesbevölkerung immer teurer wird,
bleibt es in Köln gleichbleibend unerschwinglich. Den
Kölner Vermietern ist Hochachtung dafür zu zollen, dass
es ihnen gelingt, selbst das kleinste Rattenloch noch für
einen horrenden Preis zu vermieten. Der Kölner Vermie-
terverein hat in der Stadt den gleichen Einfluss wie die
Camorra – beide kontrollieren ganze Viertel.

Da weder Kölner noch Berliner jemals ihr Viertel verlassen, gehen an Kiez und Veedel je ein Punkt, einen
weiteren Punkt erhält Berlin allerdings dafür, dass in
den meisten Stadtvierteln auch wirklich was los ist. Das
dörfliche Ambiente sorgt in Köln für eine beruhigende,
fast einschläfernde Wirkung auf die Bewohner, die sich
weder im Zusammenhang mit Mülldeponien noch hin-
sichtlich des Hafenausbaus an der Regionalpolitik be-
teiligen. Einen Punkt Abzug gibt es hier jedoch auch für
die Berliner, die sich inzwischen schon gar nicht mehr
gegen die Aufhübschung ihres Bezirks und den damit
einhergehenden Verlust der Kiezkultur wehren. Neue,
gleichförmige Bepflanzung, totrestaurierte Gebäude und
Entkernung von Kunsterzeugungsstätten wie dem müf-
felnden »Tacheles« hätten dort vor Jahren noch für
Aufregung gesorgt – heute sind sie dem Bewohner von
Mitte, Kreuzl- und Prenzlberg nicht mal mehr einen
zweiten Blick wert. Um noch ursprüngliches bürger-

liches Engagement zu erleben, muss man inzwischen
schon bis nach Stuttgart fahren – nur wer will das
schon?! Daher: ein Patt für Kiez und Veedel.

Heiß, heißer, hossa?
Hauptstadtsommer vs. Karneval in Kölle

Kommen wir zum Eingemachten: Der Berliner Sommer
ist zu Unrecht die meistgelobte Jahreszeit. Immerhin
schüttet es einen Großteil der Zeit von oben, von der Seite
und von unten wie aus Kübeln, und wenn es mal heiß und
trocken ist, muss man wegen des Geruchs der Hunde-
exkremente eine Nasenklammer tragen. Über einen solchen Sommer freuen sich vorwiegend diejenigen, die
heilfroh sind, dass der harte Winter endlich vorbei ist.

Ähnlich ambivalent ist die fünfte Jahreszeit am
Rhein zu betrachten – der Karneval in Kölle. Die orga-
nisierte gute Laune in der Rheinmetropole kann inzwischen keinen mehr darüber hinwegtäuschen, dass es
dort (für Männer) vorwiegend darum geht, schlechten
Sex mit als Krankenschwester, Engel oder Teufelchen
verkleideten, nicht tageslichttauglichen Damen zu haben. Oder (für Frauen) darum, so schnell wie möglich
eine große Menge schales Bier zu trinken, um zu vergessen, dass der Mann mit der blonden Zopfperücke längst
nicht so witzig und intelligent ist, wie er zu sein glaubt.
Die Feiernden werden zwar von unterschiedlichen Mo-
tiven geleitet, aber sie wissen beide: Köln muss man sich
schönsaufen, und zwar so anhaltend, dass man gleich
einen ganzen Zeitraum dafür reserviert. Dafür werden
hier die Mächte des Bösen im Zaum gehalten, indem
man die Feierei mit den Freaks zeitlich begrenzt – in
Berlin gibt es das ganze Jahr über Verrückte. So gesehen

gewinnt Köln für seine Disziplin und Charakterstärke einige Punkte – ob das die Stadt besser macht, sei mal dahingestellt.

Verehrte Damen und Herren, die Punktelage ist eindeutig. Gewinner des Contests ist die gute alte Dame am Rhein. Viva Colonia!

Wie hilfreich kann es doch sein, wenn man von den eigenen Vorzügen vollkommen überzeugt ist! Um die perfekte Selbstüberschätzung der Domstadt zu erreichen, muss unsere neu renovierte Hauptstadt noch lange üben. Auf Eigenlob hat der Kölner praktisch ein Monopol, da macht ihm der Berliner so schnell nichts vor. Schon der alte Adenauer zog im Zug die Vorhänge dicht, sobald er über die Rheinbrücke stadtauswärts rollte, mit dem Argument, dass nach der Stadtgrenze ohnehin das Ausland beginne. Da können Peter Fox und Konsorten noch so sehr das hippe Hauptstadtfeeling besingen, gegen alteingesessene Karnevalsbands, die seit Jahrzehnten die schönste Stadt der Welt begrölen, ist kein Kraut gewachsen.

»Mer losse d'r Dom en Kölle,

denn do jehööt hä hin.

Wat sull di dann woanders,

dat hätt doch keine Senn«, jodelt der Rheinländer und denkt sich: »Wo the fuck ist Berlin?«

»Man tut ihm zu viel Ehre, wenn man von Berlin
das deutsche Licht und jedes edlere Streben ausgehen lässt.
Nein, vom Süden und aus der Mitte Germaniens
kam deutsche Kraft und jede edlere Bildung.«
Ernst Moritz Arndt, 1805

STEPHAN REIMERTZ

Det hammwa nich

Das Berliner Goethe-Institut sollte seinen ausländischen Studierenden verbieten, mit Bussen und Bahnen der Berliner Verkehrsbetriebe (BVG) zu fahren. Denn alle Anstrengungen, die das löbliche Institut unternimmt, um die widerspenstige deutsche Sprache an die Menschheit zu bringen, werden von der Verkehrssprache der Berliner Verkehrsbetriebe zunichtegemacht. Auch Schüler bis zur siebten Klasse sollten aus grammatischen Sicherheitsgründen von ihren Eltern im Auto zur Schule gebracht werden. Was nützt der beste Deutschunterricht, wenn dem Lernenden vor und nach der Lektion von Tonbändern, Lautsprechern, Aufschriften und Kontrolleuren ein Volapük eingehämmert wird, das man nur als dreiste Verluderung der deutschen Sprache, als primitivistisches Kauderwelsch bezeichnen kann?

Und was soll der gebildete Ausländer denken, der den Deutschkursus des Goethe-Instituts bereits in seinem Heimatland absolviert hat, wenn er an einem Bahnsteig steht und hört: »Nächster Zug nach Hallesches Tor« oder »Nächster Zug nach Botanischer Garten«? Er muss denken, dass es eine Stadt namens »Hallesches Tor« oder einen Stadtteil namens »Botanischer Garten« gebe. Das wäre ja möglich. Hier existiert ja sogar ein Stadtteil, der Wedding heißt, obwohl es dort nicht mehr Standesämter gibt als anderswo. Doch was der gebildete Ausländer vermutlich denken wird, ist, dass die Deutschen mit ihrer Sprache ebenso schludrig umgehen wie mit allen anderen Elementen ihrer nationalen Identität. Werfen wir also all unsere Hoffnung auf den gebildeten Ausländer, denn die deutsche Bildungsschicht hat sich selbst längst aufgegeben. Hier wäre ein Gespräch des Wissenschaftssenators mit dem Verkehrssenator vonnöten, um in den öffentlichen Verkehrsmitteln eine sprachliche Verkehrsbereinigung vorzunehmen. Wie man in Preußen seit Stein und Hardenberg weiß, funktionieren Bildungsrevolutionen am besten von oben. Schon der Begriff »öffentliches Verkehrsmittel« ist freilich erschreckend und riecht nach Unzucht und der Erregung öffentlichen Ärgernisses.

Auf Ärgernisse im öffentlichen Raum braucht man in Berlin nicht lange zu warten. So muss sich der Besucher einer Bibliothek als »Benutzer« bezeichnen lassen. Pfui Teufel! Ein gebildeter Mensch würde ein Buch niemals benutzen. Schon der Gedanke, ein Buch könnte sich nach der Lektüre benutzt fühlen, macht ihn schaudern. Die BVG hingegen hält sich für das BGB, und oft sind ihre Bestimmungen ebenso unverständlich. Ein Tonband in der U-Bahn verkündet, dass am Bahnhof Zoo etwas stattfindet, das sogar einem Perversen das Entsetzen in die Glieder treibt: »Eisenbahnfernverkehr«! Dieses Kompositum muss man genüsslich schaudernd im Rachen gurgeln. »Eisen-Bahn-fern-Verkehr«! Das ist stark! Das ist arg! Das hätte man sich nicht träumen lassen, obwohl man seit Christiane F. weiß, dass dieser Bahnhof Zoo keine Vergnügungsstation für höhere Töchter ist.

Auch scheint Berlin lediglich die Hauptstadt von Berlin zu sein. An der U-Bahn-Station Adenauerplatz bellt die Stationsvorsteherin »Adenauer *Platz*« ins Mikrofon, als würde hier des Städtchens Adenau im Rheinland gedacht und nicht des ersten deutschen Bundeskanzlers. Ein ähnlicher Verstoß gegen die germanische Stammsilbenbetonung erwartet uns an der S-Bahn-Station Halensee, die laut Verkehrsbetriebe Halen*see* (wie Désirée) heißt. Sind die so ungeheuer stolz auf den See? Geht die Betonung auf eine Zeit zurück, als es noch kein fließend Wasser gab?

Verwirrend ist auch, dass auf die S-Bahn-Station »Tiergarten« der Bahnhof »Zoologischer Garten« folgt. Uns erscheint nicht ganz klar, was der Unterschied zwischen einem Tiergarten und einem zoologischen Garten sein soll. Aber vielleicht unterscheidet der exakte Preuße ja zwischen zoologischen Tieren und solchen nicht zoologischen Charakters. Ein Letzteres wäre zum Beispiel das Nasobēm, das ja, wie sein Dichter Christian Morgenstern freimütig eingesteht, weder im Brehm noch im Brockhaus, noch auch im Meyer (und somit auch in keinem Garten) steht, sondern lediglich seiner Leier entsprang. Ein solches nicht zoologisches Tier käme in Berlin dann in den Tiergarten. Sehr merkwürdig ist auch, dass man in Berlin an ein grünes Schild gelangen kann, das in gelben Buchstaben die Aufschrift *Tiergarten* trägt; man geht weiter, begegnet aber keinem Tier – außer ein paar eingebildeten Ziegen. Zu allem Überfluss gibt es in Berlin neben dem zoologischen Garten und dem Tiergarten auch noch einen Tierpark.

Fliehen wir das linguistische Verkehrschaos der sprachlichen Untergrundbahn, und steigen wir in ein Taxi, wie bei unserer Ankunft am Miniaturflughafen Tegel. Dort erwartet uns Sprachunterricht der besonderen Art, bevor wir überhaupt eingestiegen sind. »Jibt et bei Ihnen zu Hause keene Voaschriften? Immer die erste Taxe nehmen, nich die letzte!« Während bei uns zu

Hause in Frankreich nur noch Ausländer das Taxameter taxieren, gibt es in Berlin tatsächlich noch ein paar
eingeborene Taxisten, die meisten von ihnen mit Hoch-
schulabschluss. Unser Taxist könnte ein Hausmeister
sein, aber bald werden wir erfahren, dass fast alle Berliner hausmeisterisch aussehen. Das Radio hat er auf Ni-
veaufunk eingestellt. Hier erklingt echte Kultur mit K.
Über eine uns unbekannte deutsche Geistesgröße heißt
es: »Sie wäre heute dreihundert Jahre alt geworden.«
Wir fragen uns, wie sie das denn gemacht hätte.

Unterdessen taxiert uns unser Taxist durch den
Rückspiegel. Er erkundigt sich nach unserem Herkom-
men und meint: »Für einen Franzosen sprechen Sie aber
verdammt gut Deutsch.« – »Ich bin in Deutschland geboren.« – »Und wann sind Sie ausgewandert?« – »Ich
bin gar nicht erst eingewandert.« Er predigt unvermit-
telt: »Das Christentum funktioniert geistesgeschichtlich
nicht mehr.« Und, nach einer Pause: »Aus Gewissensgründen bin ich Atheist.« Aus Rücksicht auf uns Ausländer ist er inzwischen zum Hochdeutschen übergegangen
und verrät uns seinen Werdegang. Aus Gewissensgründen verweigerte er den Dienst an der Waffe, übersiedelte
nach Berlin, bezog BAföG und nahm die lokale Sprache an. Aus Gewissensgründen studierte er Theologie
und brach das Studium aus Gewissensgründen ab. Dann
studierte er aus Gewissensgründen Philosophie. Zuvor
heiratete er aus Gewissensgründen und ließ aus Gewissensgründen Frau und Kind sitzen. Nun lebt er mit einer
Frau »vom Stamm der Sinti und Roma« zusammen,
»ihr in Paris würdet sagen, Zigeuner«. »Herzlich will-
kommen in Berlin«, sagt er zuletzt noch und bemerkt:
»Deutschland ist ein tolerantes, weltoffenes Land. Wir
ham hier nich so 'ne Populisten wie den Jörg Haider.«

Von der Toleranz und Weltoffenheit der deutschen Hauptstadt konnten wir uns in den nächsten Tagen ein Bild machen. Wir trafen einen Poeten in einem einschlägigen Kaffeehaus in Prenzlauer Berg. Er versicherte uns, dass er in seiner Stadt täglich »authentische Erfahrungen von Zeitgenossenschaft« mache, dass er gewissermaßen das kantsche »Itzt« umsonst bekomme, während wir in unserer antiquierten Heimatstadt noch in einem vergangenen Jahrhundert dümpeln. Tatsächlich macht der Berliner Dichter täglich die wertvolle Erfahrung, von zwei Taxichauffeuren, drei Bus-Chauffeuren, vier Billetteuren in der Tram und fünf Hausbesorgern angeschnauzt zu werden. Er ist in der glücklichen Lage, sich vom Ober im Kaffeehaus duzen zu lassen, was ihm tiefe demokratische Genugtuung verschafft. Außerdem genießt er das Privileg, bei Rot nicht über die Straße gehen zu dürfen, will er nicht vom Mob gelyncht werden. Den ganzen Tag über sammelt er diese authentischen Erfahrungen von Zeitgenossenschaft. Und abends setzt er sich an den Schreibtisch und schreibt einen flammenden Aufruf gegen den Faschismus in Österreich.

»Bitte eine Melange«, äußern wir unseren Wunsch gegenüber der Kellnerin. »Hammwa nich.« – »Sie müssen einfach nur Kaffee und Milch zusammenschütten und etwas Schlag obendrauf geben.« – »Schlag obendrauf? So was machen wir nich«, sagt sie mit einem Gesicht wie in einer Gefängniskantine. Wir bestellen »einen Kaffee« und versuchen, unserem Poeten in seiner schlotternden schwarzen Jacke klarzumachen, dass etwa Österreich neben den steuerlichen auch einige zivilisatorische Annehmlichkeiten bietet, die in Bundesdeutschland unbekannt sind. So hat Wien etwa die meisten Frauen pro Einwohner, Berlin nur die meisten Poli-

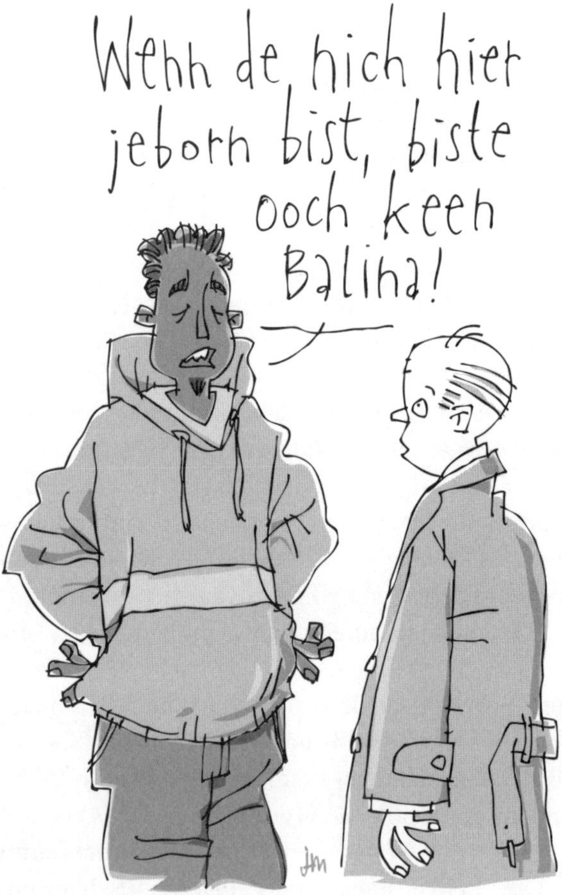
Wenn de nich hier jeborn bist, biste ooch keen Balina!

zisten. Im Ranking der lebenswertesten Städte kam vor ein paar Jahren Wien auf Platz zwei, nach Vancouver. Den letzten Platz nahm Sarajevo ein. Berlin stand gar nicht auf der Liste. Wir sind zwar noch nicht auf dem Berliner Opernball gewesen, aber wir nehmen an, dort treten sich die Leute absichtlich auf die Füße.

»Berlin ist keine Stadt, sondern eine Verabredung.« Der lokalpatriotische Poet verteidigt seine Wahlheimat. Eine Verabredung? Dann muss es sich um eine handeln, die immer zu spät kommt. So ist die schwarze Kleidung, die das individualisierte Milieu hier noch aufträgt, in Paris schon seit einem halben Jahrhundert out. Der schwarze Sweater ist alles, was vom Existenzialismus übrig blieb, und nur in Berlin kann man sich damit noch sehen lassen, wie denn auch die Wirkung Sartres in Deutschland tiefer reichte als in Frankreich. Der Grund dafür, so vermutet der Kellner, der gerade den Dienst übernommen und ein paar Gesprächsfetzen aufgeschnappt hat, liegt in Sartres Rezeption der Existenzphilosophie und der Phänomenologie, die ja beide in idyllischen Schwarzwald-Labors ausgebrütet worden sind.

Unser Dichter beabsichtigt, sein nächstes Buch unter dem Namen »Hölderlenin« zu veröffentlichen, und bezeichnet sich als der »Link zwischen Hegel und Kalaschnikow«. Er bestätigt damit die These des Kellners, der, während er uns noch »einen Kaffee« bringt, eine Linie »vom Expressionismus über den Nationalsozialismus zum Existenzialismus« zieht. Gut gesprochen, Herr Ober! Der Dichter bestätigt diese These schon allein mit seiner Erscheinung. Auch er hat, wie scheinbar das gesamte Berliner Proletariat, einen akademischen Background: Dieser Doktor Caligari schreibt seit zwölf Jahren an seiner Dissertation. »Schreibe meine Diss« war seine erste

Auskunft. Das kam kurz und knapp wie: »4. Regiment, 9. Kompanie.« Er grimassiert stark beim Sprechen und könnte einem Stummfilm von F. W. Murnau entsprungen sein.

In Berlin gibt es viele Hunde, und der am meisten verbreitete Hund ist der Underdog. Die Stadt ist eine riesige Ansammlung leidender Egozentriker – arbeitsloser Akademiker und frustrierter Intellektueller –, jener Humus, aus dem früher oder später die apokalyptischen Vorreiter einer allgemeinen politischen Radikalisierung auftauchen. Ihr Traum ist die Diktatur des intellektuellen Proletariats. So ist Berlin nicht zuletzt eine gefährliche Stadt, wenn auch Melancholie das Einzige war, wovon wir bei unserem Besuch überfallen wurden.

Diese Stadt ist ein düsteres Biotop, wie man es sonst nur aus Werken der literarischen und filmischen Fiktion kennt. Es ist ein Unterschied, ob man durch eine gewachsene Stadt streift oder durch eine Ansammlung zufällig zusammengeschobener Häuser, durch Alleen, die stalingradesk ins Nichts schießen. Der Kurfürstendamm ist ein Boulevard wie der Ring in Wien, nur dass er geradeaus verläuft. Er zielt auf Paris, kommt aber dort nicht an, endet jedoch nicht erst vor Verdun, sondern schon in Halensee, jenem Stadtteil, den man vor lauter Straßen und Schienen gar nicht sieht und den die Berliner, wie wir schon bemerkten, auf der letzten Silbe betonen, als sei hier die Welt zu Ende.

Die Berliner werfen sich gegenseitig ihre Östlichkeit und ihre Westlichkeit vor. Für den Besucher ist hier alles Ostblock. Der Trümmerklassizismus pompöser Alleen und der Brachfelder, die sich dazwischen aufreißen, bildet eine urbane Katastrophentextur. Die Häuser strahlen eine düstere Entschlossenheit aus, sie sagen: So und

nicht anders. Die Architektur widerlegt die frommen de-
mokratischen Lippenbekenntnisse aus dem Reichstag.
Der Potsdamer Platz, eine konzertierte Aktion der am
besten bezahlten Architekten der Welt, ist das schä-
bigste Potemkinsche Dorf auf Gottes verwüsteter Erde:
eine Apotheose der Traditionslosigkeit. Das Publikum,
das dort herumstromert, ist wohl kaum jenes, das die
Schöpfer sich vorgestellt haben.

Und dann kommen wir an einem Gebäude vorbei,
das einen Namen mit dreiundzwanzig Buchstaben hat:
Musikinstrumenten-Museum. Man beachte das »ten«.
Während man Bezeichnungen an Museumstüren sonst
als Nominativ oder Akkusativ auffassen kann, hat sich
hier ein Dativ eingeschlichen, mitten ins Wort. Reniten-
ter Akt gegen das Aussterben der Kasus, das man sonst
in Berlin beobachten kann? Besonders der Genitiv führt
abseits der Stadt auf einer Datsche ein bescheidenes Pri-
vatleben und wird kaum noch vernommen.

Berlin ist eine unerotische Stadt. In keiner anderen
europäischen Hauptstadt sind die Menschen so schlecht
gekleidet. Wer glaubt, das läge daran, dass es hier gen
Osten geht, der werfe einen Blick auf die Damen in der
Altstadt von Warschau oder in Moskau – und er wird begreifen: Berlin war schon der Tiefpunkt, danach geht es
wieder bergauf. Viele dieser durch die Alleen marschie-
renden jungen Frauen tragen Lederjacken. Man weiß
gleich: Zu spaßen ist mit ihnen nicht. Berlin ist ein Para-
dox, eine Zivilisation, die auf einem antizivilisatorischen
Affekt basiert. Aber ist eine Dame, die sich nicht als
Dame benimmt, weiterhin als Dame zu behandeln? Die
Frage muss leider bejaht werden. Erst die Selbstüber-
windung macht den Gentleman.

Die masochistische Faszination mancher Männer für

Frauen vom Typ Lagerärztin kann man im Helmut-Newton-Museum neben dem Bahnhof Zoo bestaunen. Keinem anderen Fotografen der Welt wurde bisher ein solches Museum zur Verfügung gestellt, selbst die Fondation Henri Cartier-Bresson in Paris ist ein bescheidenes Häuschen, verglichen mit den preußisch strengen Hallen, die man für Newton eingerichtet hat. Gerade die großflächige Präsentation auf weißen Bauhauswänden offenbart die Armut der bildnerischen Einfälle des Modefotografen. Die großen Frauenakte offenbaren zudem einen dunklen Aspekt der rätselhaften Liebe vieler Juden zur deutschen Kultur. Auf die Frage, welche Art von Mädchen ihn erregen, antwortete Woody Allen: »Oh, groß gewachsene, frostige, unnahbare teutonisch-preußische Mädchen. Ich bewundere ländlich aussehende Blonde. Ich mag ein Mädchen, das arrogant, verdorben und dirty ist – und zugleich brillant und schön.«

So sehen auch die Frauen von Helmut Newton aus, ein Frösteln läuft einem den Rücken hinunter. Aber der Fotograf hat sie nicht erfunden, wie die Straßen von Berlin beweisen. Es wendet sich der Gast mit Grausen, doch zuvor wirft er noch einen Blick ins Besucherbuch des Newton-Museums. Dort hat jemand geschrieben: »Newton is like Berlin: No taste whatsoever.«

»Was hier die Leute quatschen, ist unheimlich.«
Robert Walser, 1908

JÖRG SUNDERMEIER

Früher war alles besser

Ich komme aus Ostwestfalen, aus der ereignislosen Landschaft um Bielefeld herum. Die dort lebenden Menschen sind große Schweiger. Und ihre Urteile sind hart, überhaupt ihr sprachlicher Umgang miteinander. Sagt ein Ostwestfale: »Man kann nicht meckern«, so äußert er das größtmögliche Lob. Sagt einer: »Das friss bloß selbst«, so will er lediglich mitteilen, dass er keinen Appetit auf die gereichte Speise hat. Der Ostwestfale kann verbal austeilen. Einstecken kann er auch.

Insofern war ich nicht verwundert, als ich bereits bei meinem allerersten Berlin-Besuch von einer Bäckerin angeraunzt wurde.

Ich betrat eines schönen Tages am Morgen ihren Laden, zeigte auf Brötchen in der Auslage, die hinter einem Schild mit der Aufschrift »Kaiserbrötchen 40 Pfennige« in einem Korb lagen, und sagte höflich: »Ich hätte gern sechs Brötchen.«

Mit schriller Stimme antwortete die Eingeborene: »Hier heeßt dat Schrippen, wa!«

Wie ich es aus meiner Herkunftsregion gewohnt war, raunzte ich zurück: »Dann könn Se aber Schrippen wohl nich schreiben, wa?«

Die Bäckerin sah mich kurz etwas verunsichert an, dann jedoch sehr freundlich, reichte mir die Brötchen, kassierte und verabschiedete mich mit einem beinahe allzu fröhlich geträllerten »Tschüssi!«.

Ich dachte damals, die Berliner teilen also aus, einstecken aber können sie nicht so gut. Und ich war plötzlich versöhnt mit meinen Eltern, da sie mich in einer Gegend zur Welt hatten kommen lassen, in der man früh auf das raue Leben vorbereitet wird.

Heute weiß ich, ich habe die Situation falsch interpretiert.

Denn der vielgeschmähten Berliner Unfreundlichkeit, die sich übrigens in West- wie Ostberlin gleichermaßen breitgemacht hatte, liegt ein Wettbewerb zugrunde.

Die Berliner Schriftstellerin Sarah Schmidt erinnert sich in ihrem Buch *Bitte nicht freundlich* an die gute alte Zeit: »Bis vor Kurzem, als noch nicht diese widerliche und verlogene Freundlichkeit vorherrschte, war das Schönste im Berliner Alltag die Herausforderung: Wer ist fieser – der Verkäufer oder der Kunde? Das war spannender und fairer Wettkampf. Und ich war glücklich, wenn beispielsweise der Busfahrer beim Fahrscheinverkauf aus Versehen ein bisschen netter war als ich und darum verloren hatte. Die Anerkennung, die dann aus seinen Augen blitzte, dieses ›Respekt, junge Frau!‹, genau das machte mich glücklich. Und auch ich wusste, wann ich übertrumpft worden war, und gönnte manch miesepetriger Karstadt-Mitarbeiterin den gerechten Sieg.«

Wahrlich, so war Berlin!

Betrat man in den frühen Neunzigerjahren einen Kiosk und verlangte eine Tageszeitung, die sich im Ost- oder Westteil der Stadt noch nicht durchgesetzt hatte, wurde man nicht nur mit dem eh alltäglichen »Hammwa nich« abgespeist, sondern mit aller Herablassung beschieden: »So wat hammwa nich.« Ich nahm es locker!

Berlin war schön, weil nicht im Geringsten herzlich.

Niemand versuchte, das Leben schöner erscheinen zu lassen, als es ist. Es ist ein Kampf ums Überleben, um Futterplätze und um den Verbleib im Rudel. Das wurde einem in Berlin tagtäglich vor Augen geführt.

War man im Osten der Stadt, wurde man als Wessi beschimpft, war man im Westen, wurde man als Westdeutscher angeraunzt. Wo man auch hinkam, man traf sogenannte Wendeverlierer. Dem Ostdeutschen hatte man Honecker, den Palast der Republik und die Siege des 1. FC Union Berlin weggenommen, dem Westberliner die »Berlinzulage«, die »Berlinreserven« und die Möglichkeit, für den Gegenwert einer Einheit so lange in einer Telefonzelle mit Berlinern zu telefonieren, wie man wollte – weswegen jeder, der an eine besetzte Telefonzelle kam, sofort gegen ihre Scheiben hämmerte, egal ob der in ihr Stehende gerade erst gewählt hatte oder bereits seit Stunden plapperte.

Dennoch waren sich alle Berliner – und alle Schwaben und Friesen, die bereits seit einigen Jahren in Berlin lebten – sicher, in der schönsten Stadt der Welt zu leben und selbstredend im schönsten Kiez der Stadt. Das ließen sie sich von Dahergelaufenen nicht ausreden.

Der Stolz auf ihre Stadt machte die Berliner gleichgültig gegenüber dem Erscheinungsbild – dem ihrer Häuser wie dem ihrer selbst. Berlin war eine schlampig auftretende Stadt. Die Hausfassaden wiesen noch vor zwanzig Jahren rund um das Rote Rathaus Einschusslöcher auf, ebenso einige Fassaden in Moabit. Und selbst da, wo die DDR oder der Westberliner Senat hatten renovieren lassen, wie etwa im Nikolaiviertel oder rund um den Savignyplatz, wünschte man sich sofort die alliierten Bomberflotten herbei, so abstoßend urgemütlich sah es dort aus.

Selbstverständlich durfte man niemanden auf die in der ganzen Stadt präsenten Überbleibsel der Nazizeit ansprechen – in Westberlin traf man in diesem Fall auf Kalte Krieger, die einen sofort kommunistischer Umtriebe verdächtigten, im Osten traf man selbstredend nur auf *natural born* Antifaschisten, deren Eltern bereits Antifaschisten gewesen waren. Daher redete man eben nicht über »früher«.

Oder eben doch. Denn grundsätzlich war früher alles besser, grundsätzlich musste der Berliner seinen verlorenen Privilegien, die es vor 1989 im Ostteil wie im Westteil gab, hinterherjammern, und grundsätzlich konnte ein erst nach dem Mauerfall in die Stadt Ziehender »das alles nicht verstehen«.

Oh, wie schön war Siemensstadt! Oh, wie herrlich Hellersdorf! Das Märkische Viertel – ein Traum! Der Zugezogene wurde über Jahre als Zugezogener behandelt, man grüßte ihn selten, schimpfte über seine Unarten und lud ihn niemals zu Grillabenden in die Laubenpieperkolonie ein. Feindliche Fremde waren damals noch alle Nichtberliner, nicht nur jene, die der Rassist heutzutage als Fremde erkennt.

Diese deutsche Hauptstadt bot ein herrliches Material. Eines, in dem man mittendrin lebte, wie Heiner Müller es ausgedrückt hat. Es war bis oben hin angefüllt mit schrecklicher, allerdings liebevoll verklärter preußischer Geschichte (»Watt'n? So 'ne Kaserne hat doch wat!«), mit Relikten des Tausendjährigen Reichs (»Watt'n? Der Flughafen Tempelhof is doch 'n feiner Flughafen!«), mit grässlichen Kindl- und Schultheiss-Bierstuben, in denen »Molle und Korn« getrunken wurde, ohne Rücksicht auf Verluste.

Fragte man nach dem Weg, gaben einem Eingebo-

rene mit verdächtiger Freundlichkeit bereitwillig Auskunft, und es war ratsam, immer in die der gewiesenen
entgegengesetzte Richtung zu gehen, wollte man rasch
an sein Ziel kommen.

Die Berliner Oberbürgermeister Momper und Diepgen waren starrköpfiger und herrischer als bayerische
Bauern, die Berliner Lokalpolitik war von Ignoranz geprägt. Jeder, der hoffte, dass Deutschland eines Tages
weltoffen und friedfertig sein könnte, wurde in Berlin
eines Besseren belehrt.

Heute gibt es von alldem höchstens noch einen Wi-
derschein. Der Regierende Oberbürgermeister Klaus
Wowereit etwa, den man im restlichen Deutschland für
einen aufgeklärten und modernen Mann hält, weil er offen schwul lebt, ist in erster Linie ein ruppiger Kulturba-
nause aus Tempelhof. Doch verbirgt er dies immer öfter.

Es kann einem in diesen Tagen am Hauptbahnhof
zwar passieren, dass jemand am Infostand kein Wort
Englisch versteht – man wird jedoch kein trotziges »Hier
sprech'n wa Deutsch!« mehr zu hören bekommen. Den
penetranten Walter Plathe hält man in Berlin nicht mehr
für einen ganz großen Schauspieler, und Ben Becker
traut sich öffentlich immer seltener, den Kinder-Kinski
zu geben. Die Aufseher auf der Museumsinsel sagen
nicht mehr: »Nich so lang glotzen. Weitergehen!«, wenn
man ein Bild eingehender betrachten will. Und niemand
käme mehr auf die Idee, den Ku'damm mit New Yorks
Fifth Avenue zu vergleichen – und für glamouröser zu
halten.

Das gute alte böse Berlin ist untergegangen, im Osten
wie im Westen, man kann es kaum mehr finden. Stattdessen eröffnen überall Privatuniversitäten, Touristen
fluten in die Stadt und werden mit offenen Armen emp-

fangen, es gibt in beinahe jedem Stadtteil gute Restaurants. Mit der Bundesregierung und den Filialen der
Firmen Douglas, Rewe oder Prada ist das, was der Manager »Serviceorientiertheit« nennt, in die deutsche
Hauptstadt eingezogen. Es ist erschreckend. In der
Weserstraße in Nordneukölln ist plötzlich Spanisch eine
der am häufigsten gesprochenen Sprachen, in der Friedrichstraße shoppen nicht mehr nur neureiche Russen,
die sich London dann doch nicht leisten konnten, ja
selbst in den zehn Tageszeitungen, die in Berlin produziert werden, ist der Lokalteil längst nicht mehr das einzig Lesbare. Und von ihrem Sosein in Berlin sind nur
noch jene besoffen, die gerade mal seit ein paar Monaten hier sind.

Man muss sich in Berlin nicht mehr wehren. Die Na-
zibauten sind so von Gedenktafeln umstellt, dass sie un-
gefährlich wirken, die preußischen Prunkbauten sind
so renoviert, dass man sie für Disney-Produkte halten
könnte, die Bauverbrechen der Siebzigerjahre sind neu
angemalt oder abgerissen. Nicht einmal vor dem »Turm-
restaurant Steglitz«, das die Berliner einst »Bierpinsel«
nannten, hat die Übertünchungswelle haltgemacht – die
einst rote Fassade ist von Streetart-Künstlern umgestal-
tet worden und lässt das Gebäude nun beinahe ansehn-
lich erscheinen.

Selbst der typische Hauswart ist verschwunden. In
keinem Treppenhaus mehr findet man die aus alten
Konservendosen hergestellten Aschenbecher, die früher auf jedem Treppenabsatz standen, und nicht einmal mehr im Wedding wird man morgens um sechs
vom Hustenanfall des kettenrauchenden Hauswarts, der
schon die Flure wischt, geweckt.

Wo aber sind die alten Berliner hin? Sind sie geflohen? Gab es eine große Brainwash-Verschwörung? Selbst in den Tagen, als sich die Freunde des Flughafens Tempelhof zu einer Bürgerinitiative zusammenschlossen, konnte man mehr als zwei, drei hässliche Berliner auf einem Platz stehen sehen.

Wo sind sie alle hin? Ich weiß es nicht. Doch ihre Abwesenheit macht mir Angst. Berlin ist nicht mehr die Stadt, die jeder Britin und jedem Polen schon nach wenigen Augenblicken Aufenthalt bewies, dass sie das wiedervereinigte Deutschland zu Recht fürchteten. Sieht man mal von der Wohnung Thilo Sarrazins und einigen Straßenzügen in Lichtenberg ab, hat das deutsche Wesen hier keinen Raum mehr.

Berlin sieht heute aus wie Dortmund. Die gleichen Geschäfte, die gleichen Restaurants, die gleichen Bewohner. Berlin ist allerdings größer und billiger zu haben. Und mit weniger Widerstand. Das ist sehr schade. Denn wie wir mit Walter Ulbricht wissen, gibt es Schönheit nur im Kampf. Diesen Kampf um das Schöne kann man in Berlin nicht mehr führen. Es ist zum Verzweifeln. Und es stimmt: Früher war alles besser.

»Berlin kann man als aufgeklärter Mensch nicht lieben.
Ich bin nur hier, um zu sehen, dass ich nichts versäumt
haben werde, wenn ich einmal nicht mehr hier lebe.«
Maxim Biller, 2002

TOM LIEHR

Ich fahr Taxi

Ein beklagenswerterweise aussterbender Berufsstand ist derjenige des Pförtners. Hutzelige, schnauzbärtige Männchen unbestimmbaren Alters hockten dereinst in Kabuffs an den Einfahrten der Firmengelände. Ihre simple, aber machtvolle Aufgabe bestand darin, Gäste zu begrüßen und zur richtigen Stelle im Laden zu geleiten, durch die Pforte des Unternehmens hindurch. Je nach Dauer der Betriebszugehörigkeit und Tagesform des Pförtners konnte das für Besucher zu einem Geduldsspiel werden. Sie waren die Ersten, denen man begegnete, wenn man das Gelände betrat, und sie vermittelten – zuweilen sogar auf Weisung der Inhaber handelnd, meistens aber eher nach Lust und Laune – jenen unverrückbaren, Respekt einflößenden, den Gast sprichwörtlich in die Schranken verweisenden Eindruck, der einen auch dann noch erschaudern ließ, wenn man längst vor demjenigen Platz genommen hatte, den man im Betrieb eigentlich treffen wollte.

In der mit großem Abstand wunderbarsten Stadt der Welt floriert dieser Berufszweig noch – allerdings in leicht variierter Form. Ich meine nicht – was durchaus naheläge – die zerebral amputierten Steroidmonstren, die vor den Klubs stehen und Tanzwillige provozieren, manchmal verprügeln, in jedem Fall aber demütigen; nein, ich meine die Berliner Taxifahrer.

Ich bin viel unterwegs, meistens geschäftlich, aber

auch einfach so, nachts durch die vielen geilen Locations
tobend, die eine Stadt wie Berlin zu bieten hat. Wozu
sonst wohnt man schließlich an einem Ort, an dem
Trends so langlebig sind wie Tageszeitungen und wo
man am Abend nicht mehr sicher sein kann, dass der
Klub, der noch am selben Morgen schwer gehypt wurde,
tags darauf noch geöffnet hat. Wer dabeibleiben will,
wer den Puls der Stadt hautnah spüren will, hat den
Kopf heftig voll damit, jederzeit aktuell zu bleiben.
Scheißklub? Schnee von gestern! Heute geht man in den
Kotklub! Oder in den Kackeklub. Möglicherweise ist der
Defäkationsklub noch halbwegs cool, hip oder wie man
sonst gerade sagt, aber auf gar keinen Fall, um keinen
Preis geht man in den Verdauungsendprodukteklub. Der
ist so was von out, der stinkt schon nach Verwesung.
Zwei Monate, zwei Wochen, zwei Tage, zwei Stunden
nach seiner bombastischen Eröffnung.

Ich muss das wissen, denn ich schreibe für das Stadtmagazin *Nilreb!* über diese Läden. Wir beide sind eigentlich zu alt dafür, das irgendwann in den Achtzigern
gegründete Magazin und ich, der noch ein paar Jahre
früher gegründet wurde. Unsere Zielgruppe altert ge-
pflegt zusammen mit dem Blatt, schaut sich – wenn sie
nicht gerade wegen Lärmbelästigung gegen die Kneipe
im Erdgeschoss klagt, in der sie im Studentenalter noch
Stammgast war – inzwischen nach restaurierungsbe-
dürftigen Gehöften im Speckgürtel um und liest eher in
der *Warentest*-Zeitschrift Berichte über Kinderwagen
als bei uns Neuigkeiten über den Knackwurstklub. Aber
wir sind ein verdammtes Stadtmagazin. Und der Puls
der Stadt … aber das hatten wir schon.

Tja, und wer keinen Führerschein hat (oder auch mal
was trinken will oder muss) und nicht in den virenver-

seuchten, notorisch unpünktlichen, Assi-überfüllten und vollkommen klubgängerunfreundlich getakteten »Öffentlichen« unterwegs sein will, der fährt Taxi. Passiv. Ich tue das so oft, dass ich bei der Taxizentrale eine eigene Kennung habe. Während ich bei ruppigen Garderobenfritzen, die sich für etwas Besseres halten und fremde Mäntel mit spitzen Fingern reichen, ohne auch nur in die Richtung des Besitzers zu schauen, auf meine Jacke warte, tippe ich eine SMS, und wenn ich rauskomme, steht vielleicht schon ein Taxi da. Meistens. Na gut, gelegentlich. Aber nach dem vierten oder fünften Anruf kommt früher oder später wirklich eines.

Manchmal, wenn ich in einer dieser nach Kebap, Erbsensuppe, Currywurst, nach heimlich oder ganz offen gerauchten Fluppen und/oder nach Wunderbäumen stinkenden, quietschenden und krachenden Gurken sitze, denke ich daran, dass Leute, die diese Stadt erstmals besuchen, gleich nach der Landung ihres Flugzeugs oder dem Verlassen des Bahnhofs das erleben, was ich täglich drei bis acht Mal mitmache. Das nennt man wohl Aushängeschild. Taxifahrer sind so etwas wie die mobilen Pförtner Berlins, und sie nehmen diese Aufgabe extrem ernst. Mit jeder Faser ihrer ungewaschenen, fetthaarigen, in miefigen Klamotten steckenden, schnauzbärtigen, verschwitzten Körper erfüllen sie ihre Pflicht sorgfältig und zum Wohl oder jedenfalls im Interesse der Stadt. Wer etwas über Berlin erfahren will, sollte sich am Flughafen ins Taxi setzen, das Fahrziel leise nennen (es ist ohnehin vorläufig irrelevant) und sich selbst dann nicht beschweren, wenn der Flughafen während der folgenden anderthalb Stunden noch zweimal im Blickfeld auftaucht. Ja, jede Strecke in Berlin kostet mindestens vierzig Euro. Das weiß man einfach.

Diese Tour nennt man »Berliner Runde«. Sie ist ein Geschenk der Stadt an ihre Besucher. Nur deshalb legen
die Taxifahrer eine Prüfung ab, die angeblich so schwer
ist wie das Abitur (was meiner Einschätzung nach jemand behauptet hat, der bestenfalls über einen Grund-
schulabschluss verfügt, sich aber nach wie vor als eine
urbane Legende hält).

Ich glaube, mit dem bin ich schon gefahren. Er heißt
Muhammad, wie das verblichene, kaffeefleckige und
eigentlich unlesbare Schild neben dem gut versteckten
Taxameter ausweist. Im Radio läuft laute arabische
Folklore (Multikulti, ein Sender nur für Taxifahrer), die
Windschutzscheibe ist mit Navigationsgeräten und
Smartphones gepflastert, sodass der Fahrer seinen Kopf
weit nach rechts neigen muss, um nach links zu sehen.
Auf die Nennung des Fahrziels – Nürnberger Straße,
leider mit einem Umlaut – reagiert er erwartungsge-
mäß erst überhaupt nicht und dann mit einem dreimal
zur Windschutzscheibe hin wiederholten »Wiss?«. Ich
würde meinen linken Hoden darauf verwetten, dass der
Mann gebürtiger Berliner ist.

Nach der vierten Nennung, schließlich in Taxifahrer-
deutsch – »Numberch Straaß« –, nickt er so knapp, dass
es nur für das eingeweihte Auge zu erkennen ist, und
fährt in die falsche Richtung los. Das muss man einfach
akzeptieren. Berliner Taxifahrer darf man erst korrigie-
ren, wenn mindestens acht Euro Fahrpreis angezeigt
werden.

Kurz vor Marzahn, also unweit der polnischen
Grenze, erlaube ich mir einen sanften Hinweis, während
ich überlege, woraus zur Hölle die weiche Masse besteht, in der meine Schuhe stecken, und ernte lautes Ge-
brüll. Das Wort »Allah« kommt in der mehrere Minuten

langen Tirade mehrfach vor, wie ich meine. Ich nicke schuldbewusst lächelnd und biete an, sein Navigations-gerät zu programmieren, was er natürlich sofort ver-steht, denn Berliner Taxifahrer sind Perfektionisten der partiellen Wahrnehmung. Er reißt eines der Geräte von der Scheibe, wobei ein lautes Schmatzgeräusch zu hö-ren ist, und schmeißt es, ohne hinzusehen, zu mir nach hinten. Dabei fährt er selbstverständlich weiter in Rich-tung Marzahn, denn ein Taxi muss bewegt werden. Als ich ihm das schließlich programmierte Gerät hinhalte, ignoriert er mich bis zur nächsten Ampel, die in Betrieb ist, und leider dauert das weitere fünf Minuten – nachts um vier sind auch in Berlin viele Lichtzeichen abge-schaltet. Beim Befestigen des Apparats schaltet er das Ding versehentlich aus, flucht abermals zwei Minuten lang, und während ich die Programmierung wiederhole, erreichen wir Marzahn.

Schön hier.

Aber auch deutschsprachige Taxifahrer, eine ver-schwindend kleine Minderheit, verfügen über diesen berlineigenen Filter. Hauptsache, losfahren. Dieser heißt Peter, ist vermutlich Soziologiestudent im vierzigsten Semester, hört das Weichspülradio Paradiso (der zweite Sender nur für Taxifahrer, insgesamt sind es knapp zwanzig, die ausschließlich betrieben werden, um Fahr-gäste in den Wahnsinn zu treiben) und kratzt sich fort-während am Kinn, wobei seine rechte Hand bis zum Ge-lenk im struppigen, vogelnestartigen Bart verschwindet, was, wenn mich nicht alles täuscht, graue Staubwolken vor seinem Gesicht schweben lässt.

Bevor ich auch nur stichwortartig erklären kann, wo ich gern hingefahren werden will, weiß ich mehr über diesen – ein intensives Aroma sehr lange nicht mehr ge-

waschener Wäsche verströmenden – Peter als alle seine
Freunde bei Facebook. Er hatte einen schweren Tag,
weil seine Frau, die, wie er es nennt, »auf Hartz vier« ist,
seit acht Wochen keinen »Rotalarm« mehr hatte und
Peter nicht noch ein Kind brauchen kann, denn er hat
zwei aus erster Ehe, dann noch ein uneheliches und eines mit Vera, der Frau auf Hartz IV. Folgerichtig klingelt
im Zehnsekundentakt eines der zehn oder zwölf Mobil-
telefone, die in Peters seltsamer Anglerjacke stecken (ich
schaue mich tatsächlich um, kann aber keinen Eimer
mit Ködern entdecken), und selbstverständlich nimmt er
jeden Anruf entgegen, hin und wieder sogar über die
Freisprechanlage. Nach einem Dutzend kurzer Telefo-
nate – in eines davon wurde ich einbezogen (»Ja, Vera,
du solltest mit Peter noch einmal über diese Sache reden«) – kann ich endlich erklären, dass ich gern zum
Alexanderplatz chauffiert werden würde, den ich durch
die Heckscheibe sehen kann. Weit entfernt, die Silhou-
ette des Fernsehturms ist gerade so noch am Horizont
zu erkennen. Als ich eingestiegen bin, hätte ich die
Fensterscheiben des Kugelrestaurants zählen können.
Aber weil Peter gerade mit Vera redet, wird es noch
einen Moment dauern, bis er das Fahrzeug wendet.

Wenn Sie gern über Glauben diskutieren, fremd-
artige Musik hören, seltsame Gerüche wahrnehmen,
äußerst merkwürdige Menschen kennenlernen, sich als
Schädling in einem eigentlich abgeschlossenen System
fühlen wollen, dann steigen Sie in Berlin ins Taxi. Miss-
verstehen Sie den Vorgang um Himmels willen nicht als
Dienstleistung, bei der Sie der Leistungsempfänger sind
und der Fahrer der Leistungserbringer ist. Das mag in
anderen Städten so sein, vielleicht sogar in München
oder Hamburg, wahrscheinlich in Stuttgart und sicher

in Unna, Herne oder Magdeburg, aber in Berlin werden
Sie zum Bestandteil einer Zeremonie, eines ewig wäh-
renden soziokulturellen Experiments, dessen Beobach-
ter Sie zugleich für ein paar Augenblicke (es sind immer
mindestens fünfzig Minuten) sein dürfen. Dieser Vorgang ist eine Botschaft an Sie, ein Manifest, ein Ausrufe-
zeichen hinter dem Namen der Stadt, wie in *Nilreb!*,
nur andersherum. Sie finden es merkwürdig, dass der
Mensch kein Wort versteht, obwohl Sie es auf Deutsch,
Englisch, Französisch und sogar ein paar Brocken Ara-
bisch erinnernd versuchen? Missverständnis! Sie sind
der Gast, der Fahrgast in diesem Fall, und der Gastgeber
entscheidet (allerdings ohne nennenswerten Bock auf
Gäste zu haben, ein Berlin-immanentes Phänomen). So
läuft das hier. Legen Sie schweigend und mit um Verzei-
hung heischendem Gesichtsausdruck einen gedruckten
Zettel mit der genauen Beschreibung des Fahrziels auf
den Beifahrersitz und warten Sie die Entscheidung ab.
Irgendwann wird sich Ihr Gastgeber erbarmen und einen nachlässigen Blick auf den Zettel werfen. Bis zu diesem und noch ein paar folgenden Zeitpunkten dürfen Sie
Erfahrungen sammeln, die Ihnen helfen werden, diese
Stadt zu verstehen. Wir Berliner, zuvorderst wir taxi-
fahrenden Berliner, wir sind keine Leute, die sich von
irgendwelchen Zugereisten – und das ist hier letztlich jeder – einfach so erzählen lassen, wo es langgeht. Übrigens ein Kardinalfehler, den Sie auf keinen Fall begehen
dürfen. Erklären Sie niemals einem Berliner Taxifahrer
die Route, die er zu fahren hat! Ihre Angaben sind immer falsch – und allein der Versuch kommt einer Kriegs-
erklärung gleich. Er weiß es besser, wirklich. Möglicherweise kann er es nicht in verständliche Worte fassen,
aber seine Überlegenheit in dieser Hinsicht ist so unfehl-

bar wie die letzte Papstbulle. Google Maps? MapPoint? Vielleicht sogar ein eigenes Navigationssystem dabei?

Scheißt der Hund drauf.

Heute ist der Erste, ich muss meine Belege für den vergangenen Monat sortieren. Aus den Klubs gibt es kaum welche, denn ich trinke meistens gratis – es sind nämlich immer dieselben Typen, die im Stundenrhythmus neue Läden eröffnen, und sie alle wissen, dass ich, wenn die nächste Ausgabe rechtzeitig vor der absehbaren Schließung erscheint, ein ganz kleines bisschen Einfluss darauf habe, wie sich die letzten Tage des Dünnschissklubs gestalten werden. Der einzig bemerkenswerte Posten sind meine Taxiquittungen. Einige sind dreistellig. Ein Redakteur erzählte mir letztens, er sei von Hannover nach Berlin mit dem Taxi gefahren, weil die Bahn wieder irgendein Problem hatte. Den Tarif, den er abzulatzen hatte, habe ich für eine Strecke bezahlt, die ich auch hätte zu Fuß gehen können.

So ist das hier. Es geht nicht darum, ob man es mag oder nicht, denn man kann es durch Proteste oder ähnliche Maßnahmen genauso wenig vermeiden wie das nächste Erdbeben in Los Angeles. Und das ist nur die Ouvertüre. Der Pförtner ist ein kleines Licht mit vergleichsweise geringer Macht. Wer diese erste Begegnung richtig zu deuten vermag, ist vielleicht gerüstet für das, was in den oberen Etagen folgt.

Aber es kann auch eine gute Idee sein, einen kurzen Blick auf die Stadt zu werfen, auf der Hacke umzudrehen und den nächsten Zug zu nehmen, der einen heimwärts bringt. Und wenn nicht – sorgen Sie wenigstens dafür, ausreichend abgezähltes Bargeld bei sich zu führen. Erinnern Sie sich an den Fußballtrainer Trapattoni bei seiner legendären Wutrede in Berliner Taxifahrer-

Deutsch? Das war nichts. Das war eine liebevolle, sanfte, einfühlsame Lobhudelei. Wenn Sie versuchen, in Berlin eine Taxifahrt mit einem großen Schein (und das ist ein Fünfziger selbst dann, wenn das Taxameter achtundvierzig Euro anzeigt), einer Kreditkarte oder einer EC-Karte zu bezahlen (was sich ob des zu erwartenden Fahrpreises theoretisch, aber wirklich nur theoretisch, anbietet), werden Sie erstmals in Ihrem Leben einen wirklich, wirklich wütenden Menschen erleben. Vielleicht, mit etwas Glück, werden Sie es überleben. Falls Sie aber lebensmüde sind oder sowieso keine Pläne für die kommenden Jahre haben, dann bitten Sie einen Berliner Taxifahrer, die Musik auszuschalten, mit dem Essen aufzuhören, die Fenster zu schließen oder zu öffnen, die Heizung an- oder auszuschalten, gelegentlich auf die Straße zu schauen oder gar Verkehrszeichen zu beachten oder den Beifahrersitz, hinter dem Sie eingeklemmt hocken und auf dem der gesamte Hausrat des Fahrers lagert, nur ein paar Zentimeter nach vorne zu schieben, damit Ihre Oberschenkelknochen beim Bremsen nicht so knirschen. Wenn Sie beispielsweise Risikosportler sind und ohnehin auf Ihr Dasein scheißen, dann fangen Sie einen Streit mit dem Fahrer an. Nachdem der stumme Alarm ausgelöst wurde, können Sie miterleben, wie schnell, nachgerade hyperaktiv Berliner Taxifahrer sein können. Rufen Sie in diesem Fall nicht die Polizei! Berliner Polizisten sind auch Taxifahrer, nur in Uniform.

Und danach – viel Spaß in unserer Stadt! Nur – gehen Sie nicht in den Auswurfklub. Der macht sowieso morgen zu.

»Je berlinerischer man ist, je mehr schimpft man und
spöttelt man auf Berlin. Dass dem so ist, liegt nun aber nicht
bloß an dem Schimpfer und Spötter, es liegt leider
wirklich auch an dem Gegenstande, also an unsrem
guten Berlin selbst.«

Theodor Fontane, 1894

ZOË BECK

Weltstadt der Agoraphobiker

Als ich zum ersten Mal in Berlin wohnte, wollte mich niemand besuchen. Also, niemand von denen, die ich in Berlin kannte. Sie wohnten in Mitte, Friedrichshain, Kreuzberg und in Prenzlauer Berg. Ich wohnte in Zehlendorf. Ich erklärte mir die einstimmig ablehnende Haltung damit, dass in Zehlendorf das Nachtleben nicht gerade so wahnsinnig spannend ist. Aber dann saßen wir entweder bei den Leuten bis irgendwann morgens in der Wohnung (das geht auch in Zehlendorf) oder hockten draußen auf Grünflächen herum (das geht in Zehlendorf sehr viel besser). Mit dem pulsierenden Hauptstadtnachtleben war dieses seltsame Gehabe erst mal nicht zu erklären. Vielleicht hatte ich auch einfach nur was falsch verstanden. Ich fühlte mich also ein bisschen seltsam, nahm es aber gerne hin. Ich wohnte nämlich groß, grün und in guter Luft, fünfundzwanzig Minuten vom Potsdamer Platz entfernt, zwanzig Minuten vom Bahnhof Zoo. Das fand ich vollkommen in Ordnung.

Als ich zum zweiten Mal nach Berlin zog – diesmal für länger –, suchte ich mir wieder eine große, grüne Bleibe mit guter Luft. Ich fand sie einen Kilometer von meinem alten Standort entfernt, in Dahlem. Dass mich niemand besuchen würde, wusste ich ja schon. Dass es aber auch andersrum ging, erfuhr ich von meiner Vermieterin. Die wurde jedes Mal bleich, wenn ich mich in meinen Käfer warf und sagte: »Ich fahr dann mal nach Mitte.«

»Sie fahren *in die Stadt*?!« Wie sie das so sagte, sah ich den Duschvorhang aus *Psycho* vor mir. Mit Begleitmusik.

Den Ausdruck »in die Stadt fahren« kennen alle, die auf dem Land wohnen. »In die Stadt fahren«, das macht jemand, der in einer Tausend-Seelen-Gemeinde wohnt und im Einkaufszentrum der nächsten Mittelstadt shoppen will. Und anschließend zum Italiener. Und dann noch ins Kino. Dachte ich jedenfalls.

Ich bescherte also der armen älteren Dame (achtzig plus, Modell »Meine Mieter sind meine Familie«) ungewollt einige schlaflose Nächte, weil ich mich »in der Stadt« herumtrieb. Dass ich trotz meiner abenteuerlichen Erkundungen in der Fremde immer wieder lebendig und ohne besondere Zwischenfälle nach Hause fand, machte sie schließlich neugierig: Sie wollte auch mal »in die Stadt«.

Davon verriet sie mir aber vorerst nichts. Sie tat es heimlich, hinter meinem Rücken. Sie beriet sich mit ihren Freundinnen, holte sich noch die ein oder andere Auskunft von ihrer Hausärztin ein, und eines Tages verschwand sie morgens in aller Frühe, um abends im Dämmerlicht wieder zu Hause einzutrudeln. Froh gelaunt klingelte sie bei mir, lud sich selbst zu ein paar Tässchen Tee ein und raunte: »Frau Beck, ich war *in der Stadt*.«

Große Augen. Sie, nicht ich.

»Mit dem Bus. Ich habe mir die ganze Stadt angesehen.«

Große Augen, diesmal ich.

Irgendwie konnte ich mir das nicht vorstellen, die alte Dame im Linienbus (sie fuhr sonst nie auch nur einen Meter mit öffentlichen Verkehrsmitteln), wie sie sich eine Tageskarte kaufte und sämtliche Berliner Bezirke abfuhr. So war es auch nicht gewesen. Sie hatte sich einfach an einer Stadtrundfahrt beteiligt. Diese Stadtrundfahrt war von einer Gruppe älterer Herrschaften privat organisiert worden. Sie alle wohnten im Südwesten, sie alle wollten sich mal die Stadt ansehen. Also, Berlin. Also – klar.

»Waren Sie schon mal in Kreuzberg?«, kicherte sie. Ich nickte.

»Wir sind durch diese Straßen mit den Türkenläden gefahren! Da gibt es ganz viele Türken! Und wissen Sie, wo wir noch waren? Am Potsdamer Platz! Waren Sie schon mal am Potsdamer Platz? Wir sind sogar ausgestiegen. Da stehen riesige Gebäude!«

Ich nickte.

»Wir sind auch am Flughafen Tempelhof vorbeigefahren. Kennen Sie den etwa auch?«

Ich nickte immer noch.

Seit fünfzig Jahren war sie nicht mehr »in der Stadt« gewesen. Mal ganz selten am Ku'damm (höchstens für ein paar Minuten und immer nur in Begleitung), aber noch nie in Kreuzberg, und im Osten schon gar nicht. Nein, auch nicht nach der Maueröffnung, nein, neugierig war sie nie gewesen, sie hatte ja alles im Fernsehen mit angesehen. Dass ich mir in der vergleichsweise kurzen Verweildauer in Berlin schon von Spandau bis Marzahn, von Pankow bis Köpenick so einiges angesehen hatte, wollte sie gar nicht glauben. Ich war doch noch so jung!

Nach und nach verstand ich, was da passierte: Die Berliner sind agoraphob. Allein der Gedanke daran, ihren Kiez zu verlassen und neues, unbekanntes Gebiet zu betreten, bereitet ihnen schlaflose Nächte, Atemnot und

Juckreiz. Also verweigern sie sich der Sache lieber gleich kategorisch und bleiben da, wo sie sich schon auskennen. Die meisten Zugezogenen tun es ihnen nach einer kurzen Eingewöhnungsphase gleich. Ein Bekannter, der in Mitte wohnt, hat jedes Mal seine liebe Not, wenn er Freunde aus seiner Nachbarschaft zu Partys nach Charlottenburg schleppen will, bei denen er als DJ auflegt. Keiner kommt mit. Aber nicht, weil sie über achtzig sind. Sie sagen: »Wie soll ich da denn hinkommen?« Klar, drei Stationen mit der S-Bahn in Richtung Westen sind auch deutlich schwieriger zu bewältigen als zweimal umsteigen mit der Tram und dann noch ewig laufen, um irgendwo in Prenzlberg ein Bier zu trinken.

Es ist nämlich so: Berlin gibt es in Wirklichkeit gar nicht. Kein Mensch wohnt in Berlin. Man wohnt in Friedrichshain oder Lichterfelde, man kommt aus Steglitz oder Grunewald, aber nicht aus Berlin. Es gibt, wenn man es genau nimmt, ja auch nicht mal »die Stadt«, in die man fahren kann, so wie München eine Innenstadt hat oder Hamburg oder Köln. Berlin ist, Mitte hin oder her, komplett dezentralisiert und nach wie vor geteilt. Da mögen die Touristen so oft sagen, wie sie wollen: »Man sieht ja gar nicht mehr, wo die Mauer war!« Muss man auch gar nicht. Der Berliner, ganz egal, wie seine genaue Standortbeschreibung lauten mag, der Berliner hat eigene Mauern, die hat er schön um sein Einzugsgebiet, seinen Kiez, gezogen. Eine Mauer würde da gar nicht reichen. Von anderen Stadtteilen sagt er: »Ja, hab ich mal gehört, da war ich, glaub ich, mal als Kleinkind / bei einem Schulausflug / als ich besoffen in die falsche Bahn gestiegen bin / weil man mich entführt hat.«

Ich bin überzeugt, dass die vielen Menschen, die man längere Strecken mit öffentlichen Verkehrsmitteln fah-

ren sieht, in der Mehrzahl ahnungslose Touristen oder
bezahlte Statisten sind, die normalen Publikumsverkehr
zwischen einzelnen Bezirken vorgaukeln sollen. Und es
hat mich immer schon misstrauisch gemacht, dass man
in Berlin – auswärtiges Kennzeichen oder nicht, völlig
egal – von den Berlinern nie blöd angehupt wird, wenn
man total dämliche Wendemanöver fährt, auf den letzten Zentimetern die Ampelspur wechseln will oder park-
platzsuchend mit 5 km/h am Straßenrand entlangkriecht
und kilometerlange Staus provoziert. Die kennen sich
nämlich selbst alle nicht aus. Die wissen, wie das ist,
wenn man nicht weiß, wo man ist. Die fühlen mit.

Kommt das von der echten Mauer? Von der Inselstel-
lung, die Westberlin hatte? Oder ist das einfach so, wenn
die Stadt, in der man lebt, so riesig ist, dass allein schon
der Gedanke an ihre Ausmaße unglaublich träge macht?
Weil man sowieso immer irgendwo was verpasst, also
kann man auch gleich zu Hause bleiben?

Liebe Berliner, ihr verpasst wirklich was. Nehmt
euch doch mal vor, pro Monat an einem freien Nachmittag in einen Stadtteil zu fahren, den ihr noch nicht
kennt. Da sind ganz schön blöde Ecken bei. Aber auch
ganz viele schöne. Ihr sollt ja nicht gleich umziehen, nur
mal nachsehen, wie es da so ist. Besucht mal eure Bekannten in Dahlem oder wo auch immer. Ich habe damit
gute Erfahrungen gemacht. Nach anfänglicher Weige-
rung rannten sie mir die Bude ein, weil: groß, grün, gute
Luft. Und ein paar Seen in der Nähe. Die wollten gar
nicht mehr weg. Und es war noch nicht mal sehr weit.

Der Berliner, sagte mir mal ein echter Berliner, will
nie im Leben woandershin. Jedenfalls nicht in Deutschland. Weil wo soll er denn da auch wohnen? Was gibt's
denn Geileres als Berlin?

Das mag ja alles stimmen, aber es wäre glaubhafter von jemandem, der mehr gesehen hat als seinen Kiez von der Größe einer durchschnittlichen bundesdeutschen Mittelstadt ohne Gebirge und schiffbare Flüsse. Zum Beispiel von jemandem, der Berlin gesehen hat.

»Es ist keine Luft in dieser Stadt,
an diesem Ort kann man nicht leben.«
Bertolt Brecht, 1921

DIETMAR SOUS

Wannsee ahoi

»Du gehst an *den* Tisch«, sagte der Vorarbeiter morgens um sieben an meinem ersten Tag in der Firma. Er grinste. Die anderen lachten. Der Tisch hieß Idiotentisch, wie ich bald erfuhr. Nicht wegen der Bücher aus zweiter und dritter Hand, die dort für den 50-Cent-Ramsch sortiert wurden: Krimi, Liebe, Sachbuch. Auch nicht wegen der CDs, einem Durcheinander aus Humtata und Hip-Hop, das nach einer ordnenden Hand schrie. Die neben dem Tisch aufgestapelten gebrauchten Puzzles waren schuld an dem Namen. Wer am Tisch saß, musste kontrollieren, ob alle Teile vollzählig vorhanden waren.

Ein Holzpuzzle wie das zehnteilige *Kunterbunter Bauernhof* war ein Klacks, *Bob der Baumeister* mit seinen fünfunddreißig Teilen ein Kinderspiel. Die Schufterei fing beim *Sonnenaufgang in den Rocky Mountains* an: fünfhundert Teile.

In der Werkhalle roch es nach selbst gedrehten Zigaretten, Holzmehl, Lackfarben. Gut erhaltener Sperrmüll und Sachen aus Wohnungsauflösungen wurden bei mickriger Beleuchtung für den Weiterverkauf repariert und aufpoliert, vor allem Möbel und Elektrogeräte. Das Hallendach war undicht. Es regnete viel an diesem Tag. Um mich herum Goldgräber, die nur auf Granit gestoßen waren, und Kleinganoven, die auch bei ihrem nächsten großen Ding den Personalausweis am Tatort verlieren würden. Arme Teufel. Ich wünschte sie zur Hölle. Sie hämmerten, bohrten und pinselten vor sich hin. Passiver Widerstand, sobald der Aufpasser ihnen den Rücken zudrehte. Ich war dafür nicht zu haben. Unterbrechungen hätten mich aus dem Konzept gebracht.

Nach *Leben im Korallenriff* (eine Hunderterbagatelle, die wegen Unvollständigkeit auf dem Müll landete) knallte mir der Vorarbeiter kommentarlos ein Puzzle mit dreitausend Teilen auf den Tisch. *Der Große Wannsee.* Das Foto auf der Verpackung zeigte Segelboote unter strahlend blauem Himmel, gondelnde Schwäne, am Ufer die Bärenflagge von Berlin.

Ich arbeitete mit Zehnerstrichlisten. In meinem Geschichtsstudium hatte ich gelernt, eine Aufgabe systematisch anzugehen, ohne Vielleicht und Ungefähr. Für Referate über den Schlieffen-Moltke-Plan und den Kapp-Lüttwitz-Putsch hatte ich Bestnoten bekommen.

Mein Zweitfach war Sport gewesen. In der Leichtathletik, im Schwimmen und als Stürmer der Uni-Feldhockeymannschaft gab es Pokale und Urkunden. Aber als ich beim Barrenturnen abrutschte – wobei ich mir die Hoden quetschte –, war ich zum ersten Mal bei einer Prüfung durchgefallen. Einen Monat später die Wiederholung. Die Angst vor neuen Schmerzen lähmte mich schon Tage vorher. Nachdem ich auch die dritte und letzte Chance vertan hatte, erhielt ich keine Zulassung zum Examen, auch nicht für das Fach Geschichte. Sechs Wochen war das her, inzwischen waren meine Ersparnisse aufgebraucht. In einer Kneipe erzählte mir jemand von der Firma. Von Puzzles hatte er allerdings nichts erwähnt.

Ich hatte keine guten Erinnerungen an den Wannsee. Im Sommer vor zwei Jahren war ich mit meiner damaligen

Freundin Corinna, Germanistik und Kunstgeschichte, eine Woche in Berlin gewesen. Wir wanderten von Museum zu Museum, besuchten die Geburtshäuser und Gräber berühmter Literaten und Künstler, ließen auch Orte des Terrors nicht aus. Berlin, das Rom des 20. Jahrhunderts.

An unserem vorletzten Tag nahmen wir uns ein paar Stunden frei und fuhren zum Strandbad Wannsee. Der Andrang hielt sich in Grenzen, denn der Himmel war bewölkt. Corinnas Bikini hatte Zebrastreifen. Ihre Küsse schmeckten nach den Erdbeeren, die sie auf einem Wochenmarkt in der Nähe des U-Bahnhofs Hallesches Tor gekauft hatte. Plötzlich drehte sie abrupt den Kopf weg. Zwei Typen hatten sich uns gegenüber niedergelassen, so nah, dass ihre nicht gerade gepflegten Zehen unsere Liegematte berührten. Sie bliesen uns ihren Zigarettenrauch ins Gesicht und starrten Corinna penetrant an.

»Schenkst du mir dein Oberteil, Schatz?«, fragte der eine mit starkem Berliner Akzent.

»Verpiss dich, ich bin nicht dein Schatz«, antwortete Corinna.

»Schenkst du mir dein Unterteil, Schatz?«, fragte der andere und lachte wiehernd.

»Red nicht mit denen«, sagte ich leise zu Corinna. »Halt dich da bitte raus.«

Die beiden äfften unseren rheinischen Tonfall nach. Weltstädter, die sich über hergelaufene Dorftrampel lustig machten. Gleichzeitig bewarfen sie uns mit Sand. Corinna ließ sich das nicht gefallen. Darauf kündigten unsere Nachbarn an, uns alle Knochen zu brechen, wenn sie auch nur ein Körnchen Sand in die Augen kriegten. Der stammte von der Ostsee, hatte ich gelesen. Er war mit Güterzügen aus Travemünde hergeschafft worden.

Hastig packte ich unsere Sachen zusammen, zog Corinna weg. Das war nicht einfach, denn sie sträubte sich. Nachts hatten wir keinen Sex. Wir hatten nie mehr was.

Um kurz vor eins war ich mit dem *Großen Wannsee* fertig. Das Puzzle war vollständig, aber ich nicht überzeugt. Ein bohrendes Gefühl der Unzufriedenheit machte sich breit. Ich konnte mir nicht vorstellen, dass kein einziges der dreitausend Teile fehlte, dass nicht eins unter den Tisch gefallen, verschüttgegangen war. Ich wurde den Gedanken nicht los, falsch gezählt, mich verrechnet zu haben. Deshalb beschloss ich, nach der Mittagspause noch einmal in aller Ruhe zu zählen.

Als ich bei vierhundertachtzig war, setzte sich Jasmin zu mir an den Tisch. »Hab im Moment nix zu tun«, sagte sie. »Da helf ich dir 'n bisschen.« Verärgert rieb ich mir die brennenden Augen. Ich wollte nicht, dass man mir ins Handwerk pfuschte. Jasmin würde es bestimmt nicht so genau nehmen. Aber sie war sehr hübsch. Dass sie, wie sie sich ausdrückte, mal ganz schlimm was mit Drogen zu tun gehabt hatte, sah man ihr nicht an. Außerdem besaß sie, wie ich, fast alle CDs der Eels und kannte eine Menge Filme, die nichts für Einfaltspinsel waren. Wir tauschten unsere Handynummern aus.

Knapp vor zweitausendfünfhundert drückte der Vorarbeiter Jasmin einen Besen in die Hand und schickte sie ans andere Ende der Halle. Bei zweitausendachthundertzwanzig baute sich einer, den alle Zorro nannten, vor meinem Tisch auf. Seine Tätowierungen gingen auf das Konto eines Stümpers, und er hatte die Muskelkraft und das Gemüt einer Jack-London-Kreatur. Er fragte, warum ich so fleißig sei, ob ich mich für was Besseres hielte. »Streber, Arschkriecher, Streikbrecher!« – »Wel-

cher Streik?«, fragte ich. Zorro zeigte seine schlechten
Zähne und blies mir seine Schnapsfahne ins Gesicht.
Erst wischte er circa tausend Puzzleteile von der Tisch-
platte, dann warf er den Idiotentisch um. Der Vorarbeiter schaute weg.

Im Grunde genommen war ich erleichtert. Wegen
Jasmin hatte ich nicht mit voller Konzentration arbeiten
können, und sie hatte wahrscheinlich auch nicht immer
aufgepasst. Ich hätte das Ergebnis auf jeden Fall ange-
zweifelt. Doch jetzt war Feierabend, keine Zeit mehr für
einen dritten Versuch.

Zu Hause aß ich Spaghetti mit Tomatensoße. Auf WDR 5
Nordkorea, dann Element of Crime mit »Immer da wo du
bist bin ich nie«. Eine Straßenbahn fuhr rumpelnd vorbei,
es hatte aufgehört zu regnen. In der Wohnung über mir
der übliche Familienkrach. Ich ertappte mich beim Zählen der Nudeln auf meinem Teller und erschrak, als das
Handy klingelte. Jasmin fragte, ob ich mit ihr ins Kino gehen wolle, sie habe zwei Karten für *We Want Sex* mit Sally
Hawkins in der Hauptrolle. »Schade, heute ist schlecht«,
hörte ich mich sagen. »Hab leider schon was vor.«

Ich räumte den Teller weg, schaltete das Radio aus.
Holte Papier und was zu schreiben. Dann stellte ich den
Karton, in dem der *Große Wannsee* verpackt war, auf
den Küchentisch und begann mit der Arbeit.

»Und wenn Goethe und Molière in einer Person auf
die Welt kämen, vor diesem Ungeheuer an Stadt, vor diesen
Bestien, die sie bewohnen, wäre ihr Genie dahin.«
Carl Sternheim, 1910

RAINER MORITZ

Kalter Regen in Charlottenburg

Nein, kein Wort über die unfreundlichen Taxifahrer Berlins, kein Wort über deren mürrisches Gebaren, das dem Fahrgast die Rolle des Schuldigen zuweist und von ihm Dankbarkeit für die Beförderung verlangt. Kein Wort auch über die erschütternde Qualität der Berliner S-Bahn, deren Verantwortliche es mit Sicherheitschecks bekanntlich nicht so genau nehmen. Wer gelegentlich das Glück hat, eine Fahrt mit diesem auf manchen Strecken an den fernen Ostblock erinnernden Verkehrsmittel zu unternehmen, und sich dabei nicht scheut, auf einem der angeschmuddelten Sitze Platz zu nehmen, der versteht – als Hamburger – mit einem Mal, dass gleichlautende Wörter generell und speziell Wörter wie »öffentlicher Nahverkehr« oft sehr Unterschiedliches bedeuten.

Wenig möchte ich über Hertha BSC Berlin verlauten lassen, diesen 2010 zu Recht in die Zweite Liga abgestiegenen sogenannten Hauptstadtklub. Wer im fußballuntauglichen Olympiastadion spielen muss, wer meinte, mit Friedhelm Funkel den Abstieg zu verhindern, wer Michael Preetz zum Manager machte, wer Artur Wichniarek auflaufen ließ und Marco Pantelić verkaufte, dem war wirklich nicht mehr zu helfen. Dass die »alte Dame« (wie das schon klingt) bald danach wieder aufstieg, wird eine Episode der Weltgeschichte bleiben. Erzgebirge Aue und FSV Frankfurt warten schon auf die Rückkehr.

Und wenn wir schon bei überschätzten Berlinern

sind, will ich wenigstens am Rande festhalten, dass ein
Regierender Bürgermeister, der Klaus »Und das ist auch
gut so« Wowereit heißt, mit Sabine Christiansen bekannt
ist, ständig von der Sexiness seiner Stadt schwadroniert
und heimlich davon träumt, Bundeskanzler zu werden,
in Gemeinden wie Hamburg, Heilbronn oder Regensburg
undenkbar wäre – was nicht gegen Hamburg, Heilbronn
oder Regensburg spricht. Überhaupt neigt das politische
Leben Berlins dazu, Repräsentanten hervorzubringen,
denen man andernorts nur mit Kopfschütteln begegnen
würde und deren Existenz vermutlich mit der Eigen-
art der vielbeschworenen Berliner Luft zu tun hat. Man
denke nur an zum Glück ganz oder halb vergessene Gestalten wie Scharfmacher Heinrich Lummer oder den in
allerlei Finanzdelikte verstrickten Klaus-Rüdiger Lan-
dowsky. Auch der Hinweis auf Schalträger Walter Momper oder den blässlichen Eberhard Diepgen, dessen Cha-
risma es allein mit dem einer brüchigen, in einem Neu-
köllner Hinterhof aufgespannten Wäscheleine aufnimmt,
hilft nicht weiter. Hätte ich die Absicht, etwas Nettes über
Berliner Politiker zu sagen, dann fiele mir nur die vor
Kurzem verstorbene Hanna-Renate Laurien ein, die aber
gar keine Berlinerin war. Als unbeugsame Schulsenato-
rin erhielt sie den Ehrentitel »Hanna-Granate« und be-
eindruckte mich vor allem dadurch, dass sie, so hieß es,
den Tag um sechs Uhr morgens mit der Lektüre lateini-
scher Klassiker beginne. Fragen Sie mal Klaus Wowereit,
was er um diese Uhrzeit macht!

Keineswegs will ich mich auch zur berüchtigten Berliner Schnauze äußern und überspringe folglich alle
Dialektfragen. Andernfalls müsste ich etwas zu Kabaret-
tisten wie Wolfgang Gruner sagen, und das lassen wir
lieber. Und wenn wir schon bei der Kunst sind: Das un-

bestreitbare Faktum, dass in den letzten Jahren viele
Schriftsteller (preiswert) Wohnung in Berlin genommen
haben, hat die deutschsprachige Gegenwartsliteratur in
keiner Weise vorangebracht. Das ständige Aufeinander-
hocken in Friedenau oder Mitte befördert Stoffarmut
und Latte-macchiato-Seligkeit. Autoren, die meinen, sie
müssten am vermeintlichen Puls der Zeit agieren, neigen dazu, sich weniger um die Güte ihrer Satzperioden
und Metaphern zu kümmern. Arno Schmidt aus Barg-
feld zum Beispiel hat prima Bücher geschrieben und
wäre nie auf den Gedanken kommen, seine Zeit in Berlin
oder einer anderen Großstadt zu verplempern. Wenn
wir schon dabei sind: Der zu Anfang der 1990er-Jahre
im deutschen Verlagswesen aufgekommene Wahn, man
könne sich Büchern nur noch sinnvoll widmen, wenn
man eine Dependance in Berlin besitze, hat sich längst
als Rohrkrepierer erwiesen. Überall herumgesprochen
hat sich das noch nicht, und so residiert neuerdings –
warum auch immer – der ehrwürdige Suhrkamp Verlag
in Berlins Mauern. »Die Straßen der Hauptstadt sind
breiter, dort kann man nebeneinander gehen, dort kann
man vielleicht sogar ein Stück weit aufrecht gehen und
geradeaus«, hat Suhrkamp-Verlegerin Ulla Unseld-Ber-
kéwicz ihre ersten Hauptstadterfahrungen resümiert.
Darauf muss man erst einmal kommen, und kommen-
tieren will ich das kaum. Warum, frage ich mich aber,
sollte es reizvoll sein, neben anderen Menschen zu gehen, zumal mitten auf der Straße, im dicht gedräng-
ten Verkehr? Und warum die Berliner Straßenbreite es
leichter macht, den aufrechten Gang zu üben, ist mir
ganz schleierhaft. Ich liebe Altstadtgassen in Tübingen
oder Bamberg und würde nie auf der Fahrbahn spazie-
ren gehen.

Wenn wir kurz die Weltliteratur verlassen und die Alltags- und Esskultur betrachten: Da weiß jeder, wie gewöhnungsbedürftig die Berliner Sitten sind. Wie war das 1991, als mich schwerwiegende Umstände dazu nötigten, meinen Wohnsitz nach Berlin zu verlegen, die damals unsäglich hohen Mietpreise zu erdulden, in einem Wilmersdorfer Altbau zu leben, dessen Wand zum Schlafzimmer meiner sexuell aktiven Nachbarin sehr dünn war, sodass mir deren »Tiefer, tiefer!«-Rufe noch heute unschön in den Ohren klingen, und erstmals – vermutlich auf dem Kurfürstendamm – eine Currywurst (die, wie ich heute weiß, in Hamburg erfunden wurde) zu verlangen und mit der rätselhaften Nachfrage »Mit Darm oder ohne?« konfrontiert zu werden? Schlimm war das damals, und deshalb sei der Mantel des Schweigens über darmlose Würste, fette Eisbeine und grün-rote Weiße mit Schuss gelegt. Auch über den Geschmack von Engelhardt-Pils möchte ich nicht reden. Wenn ich da an die Biervielfalt in Bamberg oder Kulmbach denke …

Es ist ein Graus mit diesem sich selbst feiernden Armenhaus Berlin. Hätte ich Lust dazu, würde ich mich über die Love-Parade auslassen, über Berlins Hundebesitzer oder über jenen schmerzlichen Sonntag anno 1993, als ich mit meinem alten blauen Austin Mini von einem Ausflug nach Schwerin zurückkehrte, der Wagen – genauer: der Auspuff – just an der Berliner Stadtgrenze seinen Geist aufgab und ich nur mit Ächzen und Röhren den Weg in die Brandenburgische Straße zurückfand. Mein Mini hat sich von diesem Ereignis nicht mehr erholt; mit Mühen ließ er sich für wenige Mark weiterverkaufen, und ich war noch häufiger gezwungen, den Nahverkehr – siehe oben – zu nutzen.

Daran, liebe Freunde Berlins, will ich nicht mehr er-

innert werden. Von allen Schrecken, die diese Stadt mit
ihrem grimmigen Kontinentalklima bereithält, will ich
nichts mehr hören, und wenn es sich gelegentlich nicht
vermeiden lässt, das strahlende Hamburg zu verlassen
und einen Fuß in die Hauptstadt zu setzen, achte ich darauf, dass die Verweildauer nicht zu lang ist.

Nur von einem Schmerz, von meiner grauenvollsten
Berlin-Erfahrung will ich noch berichten – vom Nachmittag des 12. März 1994, der wesentlich dazu beitrug,
meine Wilmersdorfer Zelte abzubrechen und bald darauf in das ähnlich überschätzte Leipzig zu ziehen (siehe
dazu: R. M., »Leipzig: Potenzprobleme«, in: Jürgen Roth/
Rayk Wieland [Hrsg.]: *Öde Orte 2. Neue ausgesuchte
Stadtkritiken: von Aalen bis zur Zugspitze*. Leipzig: Re-
clam, 1999, S. 134–137). Damals gastierte mein Leib-
und-Magen-Fußballverein, der TSV 1860 München, in
Berlin. Unter der Regie des Trainers Werner Lorant
schickten sich meine Löwen an, den Sumpf der Zweiten
Liga zu verlassen und in die höchste deutsche Spiel-
klasse zurückzukehren. Ein knappes Dutzend Spiele galt
es noch zu bewältigen, und die Berliner Hürde – beim
abgeschlagenen Tabellenletzten Tennis Borussia – durfte
da keine Probleme aufwerfen beziehungsweise hätte
keine Probleme aufwerfen dürfen.

Es regnete an diesem grauen Märztag; ich schwang
mich auf mein Fahrrad, eilte durch den Nieselregen
ins Charlottenburger Mommsenstadion, wo gerade mal
zweitausend Zuschauer vor sich hin froren, und erlebte
das Unfassbare. Meine Mannschaft brachte es fertig,
mich zu enttäuschen, spielte jämmerlich und ermög-
lichte dem Abstiegskandidaten Tennis Borussia einen
1:0-Sieg. Noch heute durchzuckt es mich beim bloßen
Gedanken an dieses Spiel, an die trostlose Rückfahrt in

die leere Wohnung, an die Nässe, die sich in meinen Kleidern festgesetzt hatte, an meine Einsamkeit, an die rege Nachbarin, an meine Verlorenheit mitten in Berlin. Als Anhänger der Münchner Löwen ist man seit jeher an Niederlagen gewöhnt, an Demütigungen jeder Art, doch die Schlappe im Mommsenstadion übertraf alles vorher Dagewesene. Allein schon deshalb möchte ich mit Berlin nichts mehr zu tun haben.

»Auf eine kurze Zeit kann Berlin gefallen,
auf eine lange nicht.«
Heinrich von Kleist, 1800

HAUKE HÜCKSTÄDT

Berliner Peristaltik

Berlin war nie eine offene Stadt. Für mich nicht. An einem eisklirrenden Freitag im Februar 84 verließ ich am Bahnhof Friedrichstraße die DDR, durch eine gläserne Halle, die man »Tränenpalast« nannte. Am frühen Abend desselben Tages stand ich mit einem Bein in der BRD, Hannover. Das andere muss geschlackert haben. Ich war vierzehn und jetzt auf der Rückseite des Eisernen Vorhangs. Dieser Freitag hat viel damit zu tun, dass Berlin mir schwerfällt. Wer die DDR verließ, sollte für zwanzig Jahre nicht zurückdürfen. Das Tor zum Westen hatte also auch jenseits keine Klinke. Nach einem Jahr spätestens kehrte sich die Frage, die uns jahrelang begleitet hatte, um. Wie kommen wir in den Osten? Deutsche Rätsel, ein Ost-West-Parcours. Ich hatte Gründe, zurückzuwollen. Zwei Brüder, meine Mutter, meine Stiefschwester. Sie lebten nach wie vor auf der anderen Seite. Verschobene Linien, Gräben, Krisengebiet Familie.

Die DDR war an diesem Morgen der Ausreise mit Eis überzogen. Beim Rat der Stadt gaben wir unsere Personalausweise ab und erhielten Identitätspapiere, gültig für die nächsten Stunden. Die Möbel voraus schlitterten wir in einem Trabant- und einem Lada-Kombi von der Uckermark ins südlich gelegene Berlin. Freunde, die wir in wenigen Stunden zurücklassen würden, fuhren uns. Acht Erwachsene, ein Halbstarker und seine kleinen

Brüder in zwei Autos. Ich erinnere die Stadteinfahrt, Greifswalder Straße, Prenzlauer Berg. Die wenigen Geschäfte noch geschlossen. Menschen hinter beschlagenen, vereisten Scheiben. Werktätige, dösend in Parkas und Kutten. Dann Bahnhof Friedrichstraße. Berlin war jetzt Stahl. Der Eingang zum Westen, in den Tränenpalast, hatte eine Schwingtür. Dahinter auf einmal wir, davor die Freunde, meine Schwester. Diesen rohen Wimpernschlag vergesse ich nicht. Auf und zu. Das war der andere Vorhang, den Berlin mir zeigte. Auf und zu. Die Freunde, meine Schwester. Dieses Bild. Auf und zu. Dann durch den Tränenpalast, durch den verrammelten Bahnhof, Kontrollen und Treppen, Hunde und Linien. Schäbig alles.

Berlin war nie durchlässig. Eher eine Demonstration von Statik. Und diese doppelflügelige Tür am Tränenpalast konnte alles sein. Ein dunkles deutsches Tor. Die federnde Schwinge eines Viechs. Das sengende Auge eines Zyklopen. In jedem Fall der arschlochenge Durchlass von der Friedrichstraße zum Bahnhof Zoo. Berliner Peristaltik.

Ein Jahr später versuchte ich, mich umgekehrt hindurchzuzwängen. Solche Übungen wurden zum Training der Jahre bis November 89. Das erste Mal ging so. Ein Westberliner, der für sein Mädchen aus Ostberlin wöchentlich die Grenze überquerte, nahm mich in seinem VW Käfer mit. Es sollte ein Aufenthalt von morgens bis abends werden. Ein Überraschungsvorstoß. Übergang Bornholmer Straße. Wieder ein früher Morgen. Der Fahrer, also der Westberliner, wurde angewiesen auszusteigen, man führte ihn in eine Baracke. Ich saß im Limbus. Schlagbaum vor und hinter mir. Im bangen Nichts. Dann brachte man ihn heraus, er stieg ein, kein

Wort. Berlin, Bornholmer Straße im Nebel. Die Hand des
Grenzers vor der Windschutzscheibe, auf einmal machte
sie eine winkende, zur Durchfahrt auffordernde Bewe-
gung. Der Schlagbaum öffnete sich. Wir holperten die
Bornholmer hinunter. Mir stockte alles. Wenige Minuten
später fiel ich meiner Schwester im Morgenmantel in
den Arm, ihr Mann lag nackt im Bett, ihm auch. Wir hatten eine hohle Stelle erwischt, eine Lücke.

Westberliner konnten Bürger Westdeutschlands unterhalb sechzehn Jahren ohne größeren Kontrollzugriff
lediglich für 24-Stunden-Aufenthalte mit sich führen,
wenn sie Ostberlin besuchten. Ich war ein Anhang, ein
minderjähriges Attachment. Doch dass ich ein uner-
wünschter Re-Import war, wurde sehr bald bemerkt.
Wir wiederholten den Grenzübertritt am folgenden Morgen. Ein drittes Mal sollte nicht mehr klappen. Nie mehr.
Berlin war nur für einen kurzen Moment brüchig gewesen, einen unhistorischen Augenblick lang. In allen
folgenden Jahren versuchte ich es auf verschiedenste
Weisen. Einmal sagte man, am Übergang Heinrich-Hei-
ne-Straße seien sie freundlicher, milder. Also ging ich
dorthin. Man wies mich ab. Gleichzeitig kämpfte im Hintergrund meine Schwester unaufhörlich um Einreise-
Visa. Und tatsächlich hatte sie irgendwann eines, unter
Einschaltung eines Bischofs. Sofort kam ein Anruf in der
Berufsschule, die ich damals besuchte. Die Umstände
förderten Milde. Ich durfte *stante pede* von der Ho-
belbank in den Zug springen. Keine zwanzig Stunden
später und mit freudiger Gewissheit am Bahnhof Friedrichstraße eingetroffen, wies man mich zurück. Keine
Erklärung. Auch nicht, dass es sich um einen Irrtum
handelte. (Denn eine ihrer Behörden hatte Buchstaben
vertauscht. Die Einreise von »Heike« Hückstädt wäre

geglückt.) Der Grenzoffizier fächerte mit meinem Pass in seine hohle Hand. »Ihre Einreise in die DDR wird nicht gestattet.« Auch meine Bitte, meiner Schwester Bescheid zu geben, die gewiss noch ein, zwei Stunden und doch nur wenige Meter entfernt warten würde, schlug man aus. Mit der Tasche voller Dinge für ihr Baby kehrte ich um. Ich war sechzehn, lauter Abschiede, ohne Hallo gesagt zu haben. Es war wieder scheißkalt in Berlin. Und erneut die Stationen zurück. Lernen, S-Bahn zu fahren. Die Scheiße, die ich zwischen den Stationen Friedrichstraße und Zoo geschluckt habe, reichte aus, um nicht in die Euphorie zu verfallen, die in den hybriden frühen Neunzigerjahren für Berlin einsetzte. An diese Niederlagen schloss ich zumeist ausgedehnte Wanderungen entlang der Mauer in Kreuzberg an. Abstoßend und faszinierend.

Berlin war nie offen. Nicht, als wir uns hätten kennenlernen sollen. Und das war von den Siebzigern bis zum Ende der Achtziger. Das habe ich Berlin lange nicht verziehen. Es zog dort. Es war immer kalt. Von Trost keine Spur. Nichts Versöhnliches. Es war ein stehender Kampf. In seiner besten, seiner Aufbruchzeit war Berlin nur eine Baustelle über einem Kadaver. Berlin ist jetzt ein Patient. Auf dem Weg der Besserung.

»Humboldt nannte vorgestern in seinem Billet Berlin ›eine intellektuell verödete, kleine, unliterarische und dabei überhämische Stadt‹.«
Karl August Varnhagen von Ense, 1837

BURKHARD SPINNEN

Vineta und ich

Es geht um Liebe; um meine. Also eigentlich um eine Privatangelegenheit. Aber so sind wir Schriftsteller nun einmal: Immerzu reden wir von uns selbst; und dabei hoffen wir, das eigene Leben und die eigenen Erfahrungen könnten wen anders interessieren. Weil sie für ein Allgemeines stehen, an dem viele, vielleicht sogar alle teilhaben. Mit genau dieser Hoffnung werde auch ich jetzt von meiner unglücklichen Liebe erzählen. Sie spielt in Berlin, sie hat viele Jahre gedauert; sie war schon am Anfang unglücklich, und da sie nie so recht zu Ende gegangen ist, dauert das Unglück noch an. Der Liebende in dieser Geschichte bin ich, die Geliebte aber – und jetzt muss ich alle enttäuschen, die sich auf etwas Klatsch gefreut hatten – die Geliebte ist: Berlin. Sehr richtig, die Stadt Berlin als eine Versammlung von Häusern, Straßen, Brücken, Tunneln, Gärten, Parks und so weiter. In dieses Berlin habe ich mich einmal unglücklich verliebt. – Aber ich will ganz von vorn beginnen.

Wie vielen Liebesgeschichten ging auch meiner eine Geschichte der Ignoranz voraus. Im tiefen Westen der alten Bundesrepublik geboren, war mir Berlin während meiner ganze Jugend so ziemlich schnuppe. Als meine Schulklasse vor dem Abitur das Angebot einer finanziellen Unterstützung für eine Fahrt nach Berlin erhielt, lehnten wir dankend ab. Nach Berlin fuhr unsereiner nicht; denn da war doch der Hund beziehungsweise da waren die Teile der deutschen Geschichte begraben, mit denen wir als junge Nachkriegswestdeutsche uns nur ungern beschäftigten. Das aufwendig viergeteilte Berlin betrachteten wir allenfalls als Reminiszenz an die Untaten unserer Väter und Großväter, von denen wir uns unter Anleitung unserer älteren Geschwister gerade so lautstark distanzierten.

Tatsächlich war ich fast dreißig, als ich Mitte der Achtzigerjahre zum ersten Mal nach Berlin fuhr. Es war Ende März, aber in Berlin herrschte noch der kalte kontinentale Winter. Auf dem Kurfürstendamm schneite es so stark, dass die Menschen von Geschäft zu Geschäft zogen wie von einem Biwak zum nächsten. Dennoch entschloss ich mich am zweiten Tag zu einem Besuch im Osten, um endlich meine Miniportion Erbschuld an der deutschen Geschichte abzutragen. Als die S-Bahn um die Brache des Spreebogens rumpelte, setzte der Schneefall aus und gab den Blick frei. Ich sah Reichstag und Brandenburger Tor. Und ich war entsetzt. Es gab sie also wirklich: diese Mauer! – Und sie sah noch viel schrecklicher und grotesker aus als im Fernsehen.

Am Bahnhof Friedrichstraße angekommen, wurde ich wie alle Einreisenden behandelt, also schlecht. »Seien Sie ruhig freundlich zu mir«, war ich versucht zu sagen. »Ich gehöre ja gar nicht dazu. Ich habe mit dieser Sache hier nichts zu tun.« Beinahe hätte ich von der Gnade der späten Geburt geredet, aber dann wartete ich doch schweigend in den schweigenden Schlangen.

Unter den Linden setzte das Schneetreiben wieder ein. Mühsam erkannte ich alte und neue Bauten, verfallen die einen, trist und öde die anderen. Ich verstand den Winter, der ihnen allen ein weißes Tuch übers Gesicht legen wollte. Tapfer schlug ich mich zum Alexan-

derplatz durch, den ich als Platz überhaupt nicht erkannte. Erschüttert und durchgefroren drehte ich nach
Süden ab. Dort standen Hochhäuser, die mir vorkamen
wie vorübergehend abgestellt oder wie zwischengela-
gert und vergessen. Ihre oberen Geschosse verschwanden im Schnee.

Irgendwann erreichte ich wieder die Westseite der
Mauer. Hier lag das Kulturforum verlassen wie ein auf-
gegebener Brückenkopf, die Matthäuskirche wie das
vom Eis umschlossene Wrack eines Forschungsschiffes
am Polarkreis. Ich suchte eine U-Bahn-Station und fand
keine. Ich war verzweifelt. Jetzt rächte sich, dass ich die
Trauerarbeit an der deutschen Geschichte so lange auf-
geschoben hatte. Ich musste heulen, wegen der Kälte
und wegen Deutschland; und ich hätte es auch getan,
Zuschauer waren keine da. Aber die Tränen froren mir
in den Augen.

Ein paar Tage später war ich wieder zu Hause im
tiefen Westen. »Berlin, das ist so schrecklich«, sagte ich
dort jedem, der es nicht hören wollte. »Diese Teilung,
die ist so traurig und albern. Das hält sich nicht. Das
wird bald verschwinden.« Dabei war mir gar nicht wohl
bei solch vollmundigen Prophezeiungen; und als wenige
Jahre später Ronald Reagan vor dem Brandenburger
Tor den Abriss der Mauer forderte, war mir das eher
peinlich.

Doch ich behielt recht, die Mauer stand tatsächlich
nicht mehr lange; und parallel zu den politischen Veränderungen, die dann folgten, veränderte sich auch mein
Leben. Mein erstes Buch erschien, die zweite Lesung
daraus fand im April 1991 statt, im Charlottenburger
Buchhändlerkeller. In den folgenden Jahren war ich
dann häufiger in Berlin eingeladen, und immer nutzte

ich diese Tage zu langen Spaziergängen durch die jetzt mauerfreie, aber immer noch von der Trennung gezeichnete Stadt. Ich nahm gewissermaßen Nachhilfe in Hauptstadt und Metropole, zwei Pflichtfächern für Deutsche nach 1989.

Und – habe ich mich auf diesen Spaziergängen in Berlin verliebt? Das stimmt, aber es stimmt auch nicht so ganz. Denn tatsächlich war ich auf meinen Streifzügen durch Mitte und die angrenzenden Bezirke bald schon ganz auf ein Berlin konzentriert, das es gar nicht mehr gab oder von dem nur noch Reste existierten. Ziel meiner Leidenschaft war nicht das gegenwärtige Berlin, das allmählich seine Baulücken füllte und dabei zusammenwuchs, sondern das Berlin des 19. Jahrhunderts, das ich mir oft nur mit Mühe vorstellen konnte.

Mit Mühe – und natürlich mithilfe der Fotobände, die ich damals erwarb und auf meine Spaziergänge mitnahm. Es waren vor allem Sammlungen der bekannten Berlin-Fotografen Missmann, Schwartz und Titzenthaler. Ausgangs des 19. Jahrhunderts hatten sie mit erkennbarem Stolz das Wachsen der Hauptstadt dokumentiert. Ich trug diese Bücher im Rucksack zu ausgewählten Orten, wo ich versuchte, den Standort der Fotografen so genau wie möglich einzunehmen, um so Einst und Jetzt nebeneinanderlegen und die Veränderungen begreifen zu können.

Allerdings kamen mir an praktisch allen Standorten diese Veränderungen wie Verschlimmerungen vor. Mit seiner architektonischen Vergangenheit konfrontiert, erschien mir das heutige Berlin wie etwas planlos und unkontrolliert Wucherndes, etwas im Ganzen wie in seinen Details Disparates, ein bloßes Konglomerat ohne erkennbare Absicht, eine Summe von Notlösungen und

Zufälligkeiten. Und damit drücke ich mich bewusst vornehm aus, damals habe ich es noch ganz anders formuliert.

Doch gerade dieser Schrecken über die Gegenwart des von der Geschichte gezeichneten und entstellten Berlin ließ in mir die Liebe zu seiner Vorgängerin wachsen, zum untergegangenen Berlin, jenem Vineta des 19. Jahrhunderts, das in den alten Fotografien aufbewahrt schien. Ich hätte damals sonst was dafür gegeben, auch nur einen Tag durch das Berlin der Jahrhundertwende flanieren zu dürfen.

Was aber war es genau, das mich so gefangen und für sich einnahm? Nun, ich muss das vielleicht nicht ausführlich beschreiben. Wer kennt nicht zumindest Bilder von der Großstadt des späteren 19. Jahrhunderts? Da sind die Repräsentationsbauten im Stadtkern, erbaut in den Stilrichtungen der europäischen Kunstgeschichte von der klassischen Antike über Romanik, Gotik und Renaissance bis zu Barock und Klassik. Und da ist die kompakte Masse von Gebrauchsarchitektur, in strenger Geometrie zu rechtwinkligen Blöcken geordnet, mehrgeschossige Wohn- und Geschäftshäuser, auf deren Fassaden sich die ganze Vielfalt der Stilrichtungen noch einmal eng an eng präsentiert. Häuser mit romanischen Giebeln neben solchen mit Balkonen im Stil der Renaissance, kaum ein Fenster ohne Umrahmung, kaum eine Fläche ohne Strukturierung; figürlicher oder floraler Schmuck überall, Putti, Karyatiden, Medusenköpfe, Efeu, Eichenlaub, Akanthusblätter auf Säulenköpfen. Und über allem die Dächer, keines wie das andere, eine Welt von Gauben, Türmen und Türmchen, zinnenbewehrt und besetzt von geschmiedeten Gittern und Flaggenstangen mit goldenen Knäufen.

Kann man das lieben? Ich jedenfalls konnte. Jahrelang konnte ich mich nicht sattsehen an den Fotos von immer neuen Variationen dieses Häusertyps, von dem nur wenige Exemplare die Zeitläufte gänzlich unverändert überdauert haben. Ständig fand ich neue Lieblingsbalkons und Lieblingserker, wo ich hätte sitzen mögen, am Nachmittag bei einer Tasse Kaffee, den Blick auf das Treiben der Straße gerichtet. Doch mehr noch galt meine Liebe den Ensembles, den Straßenzügen und insbesondere den Plätzen, wo die Bebauung sich um kleine Parks oder Anlagen gruppiert, in deren Mitte eine bronzene Figur auf einem Brunnen thront, den Blick ins Weite gerichtet, über die gestutzten Bäume und die gepflegten Rasenflächen, durch die sich, eingefasst von knöchelhohen Gittern, sauber geharkte Kieswege ziehen.

Vielleicht können Sie sich rasch per Netz ein Foto des alten Lützowplatzes besorgen. Wer nicht weiß, dass es der Lützowplatz ist, der wird ihn darauf nicht erkennen, denn nichts davon ist erhalten geblieben. Auf immer zerstört seine Form, die sich dezent dem Verlauf des Landwehrkanals anpasste. Zerstört die Häuser, die dort vornehm zurücktraten, um Abstand zu wahren zum Herkulesbrunnen in der Mitte des Platzes, von dem aus man nach Norden über die Herkulesbrücke schaute. Das ganze Ensemble: eine stille Hommage an den großen Helden der griechischen Mythologie, der jetzt, zu Zeiten der Technisierung und Industrialisierung, als neues Sinnbild für die Kräfte der Moderne dient. Die Dampfschiffe auf dem Kanal werden ihn als ihren Schutzpatron gegrüßt haben, ebenso die elektrische Straßenbahn, die hier mit elegantem Schwung ins Lützowufer einbog.

Ja, so klingt Liebe, denn Liebe ist bekanntlich blind. Auch meine Liebe zum Berlin des 19. Jahrhunderts war blind, aber zum Glück – oder soll ich sagen: leider – war sie es nur auf einem Auge. Denn natürlich wusste ich, lange bevor ich den fotografischen Veduten der Missmann, Schwartz und Titzenthaler verfiel, dass ebendiese Architektur allen denkenden Kunstgeschichtlern und Stadthistorikern ein Gräuel und Scheuel ist, ja dass sie als *der* Skandal der neueren Kunstgeschichte schlechthin gilt.

Ich wusste es. Ich hatte zum Beispiel Hermann Brochs berühmtes Verdikt über die Wiener Ringstraßenkultur gelesen, aus dem ich jederzeit hätte zitieren können, so zum Beispiel den programmatischen Prolog:

»Die Wesensart einer Periode lässt sich gemeiniglich an ihrer architektonischen Fassade ablesen, und die ist für die zweite Hälfte des 19. Jahrhunderts [...] wohl eine der erbärmlichsten der Weltgeschichte; es war die Periode des Eklektizismus, die des falschen Barocks, der falschen Renaissance, der falschen Gotik. Wo immer der abendländische Mensch den Lebensstil bestimmte, da wurde dieser zu bürgerlicher Einengung und zugleich zu bürgerlichem Pomp, zu einer Solidität, die ebensowohl Stickigkeit wie Sicherheit bedeutete. Wenn je Armut durch Reichtum überdeckt wurde, hier geschah es.«

Diese Sätze kannte ich nicht nur, ich hatte ihnen auch immer zugestimmt. Ich war überdies, vermittelt durch eine andere Liebe, nämlich die zu dem Wiener Schriftsteller Peter Altenberg, ein später Jünger des Reformarchitekten Adolf Loos geworden. Loos hatte es gewagt, unmittelbar gegenüber der Hofburg in Wien ein Haus zu bauen, das keinerlei Ornamente trug und als Schmuck

Wir Berliner
respektieren seit jeher die
Empfindlichkeiten unserer
ausländischen Mitbürgerinnen
und Mitbürger.

nur die Materialen herzeigte, aus denen es gebaut worden war. »Ornament ist Verbrechen«, lautete sein Motto. Das Ornament, so ließe sich im Sinne Brochs hinzufügen, verschleiert nur, was es schmücken will. Seine Herstellung, die ein Prozess der Tarnung ist, raubt überdies dem Menschen die Kräfte, die ihm dann anderswo fehlen, etwa in der Kunst, die daher zum Dekorativen verkommt.

Ja, das alles wusste und bejahte ich nicht nur, ich hatte es auch in meine persönliche Poetik übernommen. Ich wollte ornamentfrei schreiben, also ohne Rhetorik. Zwischen das Gesagte und seinen sprachlichen Ausdruck sollte kein Haar passen; kein bloß geliehener oder besser: gestohlener Schmuck sollte mir in meine Texte geraten. Daran hielt ich mich damals, halte ich mich – versuchsweise – bis heute.

Und dennoch war ich einer, der das Berlin des späten 19. Jahrhunderts liebte: diese zutiefst eklektizistische Veranstaltung, bei der die Kunstgeschichte geplündert wurde wie ein Krämerladen; diese Stein gewordene Herrschaftsgeste des Wilhelminismus, mit der die Menschen zur Lebendfüllung einer erstarrten Vorstellung vom Staat erniedrigt wurden. Berlin, diese Verschleierungsorgie, bei der man die Verarmung des städtischen Proletariats mit antikem Firlefanz überkleisterte. Berlin, dieses Beharren, ja Steckenbleiben in vorgeblich großer Geschichte; Berlin, dessen Grünanlagen allesamt Friedhöfe und dessen Denkmäler Grabfiguren waren und dessen universeller Grabspruch lautete: »Rasenflächen nicht betreten!«

Worin hatte ich mich da bloß verliebt? Welch Mesalliance! Tatsächlich habe ich mir diese Liebe immer wieder aus dem Herzen zu reißen versucht. Und womit tut man das am besten? »Andere Mütter haben auch schöne Töchter«, pflegt man Menschen mit Liebeskummer zu sagen. Also lenkte ich meine Aufmerksamkeit auf die Architektur meiner eigenen Epoche. Schließlich war ich kein Royalist, »unseren alten Kaiser Wilhelm« wollte ich doch nun wirklich nicht »wiederhaben«. Nein, ich bin ein bundesrepublikanischer Verfassungspatriot. Also frischauf – dann suche ich mir eben in der Architektur der wiederaufgebauten Städte die, so Broch, »Wesensart einer Periode«, sprich: den Geist von Freiheit und Demokratie.

Gesagt, getan. Hatte ich bislang die Architektur, mit der zusammen ich auf die Welt gekommen war, kaum beachtet beziehungsweise als das Selbstverständliche beständig übersehen, so schaute ich mir jetzt genauer an, woran ich bislang nur vorbeigelaufen war. Aber der Effekt war fatal. Denn was ich in den deutschen Nachkriegsstädten beziehungsweise in ihrer Architektur sah, das waren Funktionalität als Ärmlichkeit, Sachlichkeit als Ausdrucksschwäche und Individualität als Eitelkeit oder Autismus. Hatte das 19. Jahrhundert seine Stadt strammstehen lassen, so fielen mir meine zeitgenössischen Städte vor Lässigkeit auseinander. Hatte der Wilhelminismus die Kunstgeschichte des Abendlandes geplündert, so zitierten mir meine Städte lustlos und gelangweilt die immer gleichen Kernparolen der Moderne. Hatte das »große« Berlin seine fragwürdige Geschichte gefeiert, so verschwiegen mir meine westdeutschen Städte peinlich verschämt den Umstand, dass es vor ihrer Wiederaufrichtung überhaupt menschliches Leben auf diesem Planeten gegeben hatte.

Welch fataler Effekt! War ich bislang mit meiner Gegenwart und ihren Fassaden stillschweigend einver-

standen gewesen, so wurde ich über meine problematische Liebe zum alten Berlin allmählich einer, dem es
nirgendwo mehr so recht gefiel. Wie typisch, ja, wie ba-
nal: Der unglücklich Liebende wird zum Misanthropen.

Und er wird ungerecht. Denn sicher hat die Architektur in Deutschland nach dem Zweiten Weltkrieg aus der
Geschichte zu lernen versucht, sicher hat sie sich ge-
danklich an das anschließen wollen, was der Barbarei
nicht verfallen war; und sicher war das die Moderne und
in ihrem Gefolge die Fixierung aufs Individuelle, aufs
Nichtnormierte, auf das, was allen Tendenzen zur falschen Harmonie – als schiere Gleichmacherei – wider-
stehen sollte.

Nein, ich wollte und konnte mich nicht moralisch
über meine Gegenwartsstädte erheben. Aber ich konnte
sie auch nicht lieben! Und schuld daran war das Berlin
des 19. Jahrhunderts. Meine unglückliche Liebe zu einem solchen Phänomen wie dem untergegangenen Lützowplatz wirkte gewissermaßen negativ katalysierend,
wenn ich in der Stadtplanung der Nachkriegszeit immer
wieder bloß eine Verwechslung von Freiheit mit Schlam-
perei, von Individualität mit Autismus und von Moderne
mit Ausdrucksschwäche sah. Das Berlin der Wallot,
Schwechten, Raschdorff, Grenander und Stahn, diese
Potemkinsche Stadt, hatte mich verdorben für die kar-
gen Ehrlichkeiten und den gut gemeinten Individualis-
mus der Nachkriegsstädte.

Hier ein kleines Beispiel dafür, wie die Gegenwart
mich abstieß: Es geht um ein westdeutsches Vorstadt-
viertel mit gediegenen Villenbauten aus den Sechzigerjahren, das ich gelegentlich auf Spaziergängen durch-
quere. Besagte Villen folgten damals einer Vorstellung
vom »schönen Haus«, die sich auch zwanzig Jahre nach

Kriegsende als eine allgemeine Vorstellung hielt, so allgemein jedenfalls, dass trotz individueller Gestaltung keines der Häuser seinen Nachbarn denunzierte oder verhöhnte.

Doch das ist seit einiger Zeit anders. Wenn die Häuser jetzt allmählich die Besitzer wechseln, dann nur, um abgerissen und durch Neubauten ersetzt zu werden. Diese Neubauten aber stehen alle auf einsamen Stilinseln; wie architektonische Monaden unterhalten sie zu ihren Nachbarn allenfalls ein Verhältnis totaler Negation. Die Altansässigen nennen die Neubauten »der Flakbunker«, »die Gefriertruhe«, »das Waldschlösschen« oder »der Zauberwürfel«. Ihre eigenen Häuser und sich selbst versuchen sie hinter beeindruckenden Thujahecken zu verbergen.

So mutiert dieses Viertel allmählich zu einem Freilichtmuseum für moderne und postmoderne Baustile. Den Eklektizismus des alten Berlin übertrifft es bei Weitem, denn hier fehlt jede Intention zur Erschaffung eines Ganzen. Das Verhältnis von bebauter zu nicht bebauter Fläche, die Wahl der Baumaterialien, das Verhältnis von Höhe und Breite der Häuser, nichts von dem, was in den Sechzigerjahren aus den Straßen ein »Viertel« im emphatischen Sinne gemacht hat, wird bei den Neubauten berücksichtigt. Keine Geste des Miteinanders, des Gemeinsamen, die bleibt. Im Gegenteil: Wurden im alten Berlin die verschiedenen Stile in eine äußerst problematische Harmonie gezwungen, so missachten sie hier einander offen. Allenfalls ironisieren sie sich gegenseitig, wenn sie sich nicht gar veralbern.

Manchmal versuche ich mich, in die Bauherrn hineinzuversetzen. Sie haben ein Vermögen dafür ausgegeben, um in einer Eins-a-Lage zu wohnen. Aber ebendort lassen sie sich Häuser bauen, die zu allen ihren Nachbarn sagen: »Nein! So nun aber gar nicht!« Aus den Fenstern ihrer neuen Residenzen sehen also die stolzen Besitzer nur Häuser, die neben dem ihrigen pusselig oder kalt, kitschig oder arrogant, langweilig oder überkandidelt wirken. Ich fürchte, bald wird jeder der neuen Hausbesitzer statt in einer Eins-a-Lage in einer Gegend wohnen, die er im Grunde nur verabscheuen kann.

Richten Sie mich nun bitte nicht für dieses Beispiel. Ich sagte es schon: Wir Schriftsteller müssen dauernd von uns selbst auf andere, von unseren eigenen Wahrnehmungen auf das große Ganze schließen. Und so, wie mir Berlin diese unglückliche Liebe zur Vergangenheit eingepflanzt hat, so ist mir nun einmal dieses Viertel zum Denkbild geworden für meine unglückliche Beziehung zur Gegenwart – jener Gegenwart, die ich doch, da ich ja nur die eine habe, so gerne lieben würde.

Übrigens gehe ich immer noch durch Berlin. Die Bildbände lasse ich jetzt allerdings zu Hause. Ich versuche, das Erscheinungsbild der gegenwärtigen Stadt nicht mehr so wichtig zu nehmen. Ich strenge mich an, zu der freundlichen Ignoranz zurückzukehren, die mich einmal vor unglücklichen Lieben bewahrt hat. Doch es will mir nicht so recht gelingen. Man kann sich vielleicht von der Hoffnung auf die Erfüllung einer Liebe verabschieden, nicht aber von der Sehnsucht danach. Die bleibt.

Es ist die Sehnsucht nach der Stadt als Sinnbild für die Versöhnung von Einzelnem und Gemeinschaft. In der Architektur einer solchen Stadt würden die Einzigartigkeit und die Unverwechselbarkeit des Individuums nicht allein in Chaos und Zufälligkeit ausgedrückt; zugleich würde die Realisation einer übergreifenden Idee nicht in Zwang und Terror ausarten. Meine Sehnsucht gilt einem Berlin des 21. oder vielleicht des 22. Jahrhunderts, dessen Fassaden nicht aus der Geschichte gestohlen, sondern ein lebendiger Ausdruck der Gegenwart sind. Ich sehne mich nach einem Berlin, das erkennbar einen gemeinsamen Gedanken fasst oder eine gemeinsame Utopie formuliert, ohne damit gleich alle und alles zu erschlagen. Für dieses Berlin hätte ich immer noch jede Menge Liebe parat.

»Dass man aber die ganze Stadt ein neues Athen nennt, ist, unter uns gesagt, etwas ridikül, und es kostet mich viele Mühe, wenn ich sie in solcher Qualität vertreten soll.«
Heinrich Heine, 1828

MATTHIAS POLITYCKI

Urbanes Brachland

Eine Woche nach meiner Rückkehr aus Schanghai, wo's mir im 87. Stock des Jin-Mao-Tower vor lauter Zukunft fast schwindlig geworden, saß ich am Panoramafenster des Berliner Axel-Springer-Hauses, immerhin 19. Stock, und blickte auf eine Stadt, die sich seinerzeit ebenfalls anschickte, Metropole zu werden: Vom Bundeskanzleramt übers grüne Dach des Adlon und den Tiergarten konnte der Blick schweifen, bis hin zum goldenen Dach der Staatsbibliothek. Eine großartige Aussicht auch dies, fürwahr. Doch alles, was ich zu sehen bekam, erfüllte mich, je länger ich nach irgendetwas suchte, dessen Anblick mir hätte Angst einflößen oder mich vielleicht gar zu Glücksgefühlen hinreißen können, alles erfüllte mich gleichermaßen mit einer wehmütigen Beklommenheit, einer beklommenen Wehmut: urbanes Brachland, in dem selbst ein Sony-Center klein und verloren wirkte und die angebliche Riesenbaustelle Europas, der Potsdamer Platz, wie die mutlos mit ein paar Kränen bestückte Allegorie des Stillstands.

An der Stelle früherer Baustellen, immerhin Hoffnungsträger, erhebt sich heutzutage auch hier manch Wahrzeichen der Sterilität; darum herum allerdings wartet weiterhin die Ödnis mühsam zusammengewucherter Mittelstädte, die in ihrer vernarbten Gesamtheit kein Ganzes, und schon gar keine Metropole, ergeben. Berlin, traurigste Hauptstadt der Welt.

ALINA BRONSKY

Berliner Trance

Ich bin Schriftstellerin. Mein Beruf ist es, Bücher zu schreiben. Und außerdem noch, aus den Büchern vorzulesen, in Buchhandlungen, Bibliotheken und in den Mehrzweckräumen der Stadthallen. Die Autorenlesung ist eine feste Institution im deutschsprachigen Kulturraum. Der Autor wird eingeladen, reist an, bekommt ein Honorar, liest ein Stündchen laut vor. Vor vier Menschen oder vor zweihundert, je nachdem.

Die Autorenlesung ist an sich eine sehr deutsche Angelegenheit. In den USA zum Beispiel würde jeder Veranstalter einem Autor den Mund zuhalten, wenn er zu einem einstündigen Vortrag ansetzen wollte. Dort reichen fünf Minuten Text und dann sieben Fragen. Danke, auf Wiedersehen.

Aber wir sind ja in Deutschland. Ist man als deutschsprachiger Autor gerade angesagt, kann man sich getrost einen Untermieter für das suchen, was man früher als Zuhause bezeichnet hat, und den Hund gleich ins Tierheim bringen. Man wird nämlich überall zu Lesungen eingeladen, in die bayerische Provinz, in die ostwestfälische, die norddeutsche auch. Nur nach Berlin nicht. Dabei möchte jeder Autor unbedingt nach Berlin. In Berlin lesen! Das klingt irgendwie cooler als »in Herbrechtingen«.

Als mittelmäßig angesagter Autor wird man, um es mal ehrlich zu sagen, eher selten nach Berlin eingeladen. Das heißt *ganz* selten. Berlin hat genug eigene Autoren. Jeder Dritte in Berlin schreibt selbst. Meistens Romane, mindestens aber Gedichte. 98,5 Prozent aller deutschsprachigen Autoren haben inoffiziellen Schätzungen zufolge hier ihren Wohnsitz.

Wer als Buchhändler in Berlin eine Lesung ausrichten will, nimmt also lieber einen Einheimischen und spart Reise- und Hotelkosten. Und fast die Hälfte des Honorars: Kein Veranstalter, der bei Sinnen ist, lässt die Chance auf Autorendumping aus. Das würde der Bibliothekar in Crailsheim bei Stuttgart bestimmt auch gern so machen, nur wohnen in Crailsheim eben nicht ganz so viele vorlesewütige Schriftsteller wie in Berlin.

Dieser Text soll alle Autoren trösten, die traurig sind, weil sie nie nach Berlin eingeladen werden. Seid froh! Ich durfte zwei, drei Mal in Berlin lesen. Ich war ganz stolz, erzählte es überall herum. Vorher. Hinterher hüllte ich mich in Schweigen. Denn nach jeder Berlin-Lesung sehnte ich mich zurück nach Bad Wildungen und Esslingen. Nach Viernheim. Und erst recht: nach Erdingen.

Spätestens nach der zwanzigsten Lesung durchleben die meisten Schriftsteller eine innere Wandlung. Selbst diejenigen, die sich immer als reiselustig beschrieben haben, mutieren plötzlich zu Stubenhockern. Auch die Unkompliziertesten entwickeln Allüren einer Hollywood-Diva und werden empfindlicher als die eigene Schwiegermutter. Im Kopf reift ein Katalog der Ansprüche – an den Empfang, das Hotelbett, das Frühstücksbuffet, den richtigen Winkel des Lichtstrahls der Leselampe. Wer schon so weit ist: Eine Lesung in Berlin ist nichts für euch!

Autoren sind besser oder schlechter organisiert, das hat frühkindliche Gründe. Manche beherrschen ihren

Terminkalender und führen sogar Tagebücher. Ich dagegen bin froh, wenn ich ungefähr weiß, wo es am nächsten Tag überhaupt hingeht. Die genaue Adresse des Veranstaltungsortes finde ich mit etwas Glück in meiner Reisetasche, kurz bevor ich am Zielbahnhof aussteige. Den Zettel mit der Hoteladresse habe ich dann meistens schon verloren.

Ich bin nicht die Einzige dieses Schlags. Deswegen weiß jeder Veranstalter, dass es sinnvoll sein kann, einen Autor am Bahnhof abzuholen, damit er auf dem letzten Teil der Strecke nicht verloren geht. In der Provinz kümmert man sich darum. Den meisten Veranstaltern ist es ein inneres Anliegen. Besonders Pflichtbewusste tauschen mit dem Autor Handynummern aus, rufen mehrmals an, erinnern an die Veranstaltung, vergewissern sich der Ankunftszeiten und der besonderen Erkennungszeichen (»Ich habe schütteres Haar und werde Ihr Buch hochhalten!«). In der Provinz wird man auch dann gern abgeholt, wenn der ganze Ort nur aus einer Hauptstraße besteht, das einzige Hotel genau gegenüber vom Bahnhof liegt und die Buchhandlung gleich um die Ecke.

Man könnte meinen, in Berlin wäre es vielleicht nötiger, einen abzuholen, als zum Beispiel in Bielefeld. Aber nein. Vor der Berlin-Reise legt der kluge Autor seine ganze Weltfremdheit erst mal ab und ruft seinen Veranstalter selber an. Um an die eigene Ankunft zu erinnern, und angeblich, um den Weg vom Bahnhof zum Veranstaltungsort zu erfragen, in Wirklichkeit aber, um anzudeuten, dass man ganz gerne abgeholt werden würde, wie zum Beispiel in Gießen oder Hanau. Doch für Berlin muss der anreisende Autor an dieser Stelle Stift und Papier bereithalten. Denn er erfährt jetzt ausführlich, wel-

che S-Bahn und welche U-Bahn zum Ziel führen. Nur
drei Mal umsteigen und dann noch knappe zwanzig Minuten laufen, und schon ist man da. Abholen? Taxi? Haben andere Autoren auch nicht gebraucht in Berlin.

Das ist für normale Menschen vielleicht zumutbar,
kann aber eine zarte Autorenpsyche auf Wanderschaft
durchaus erschüttern. Denn die ahnt zu Recht: Autoren-
verlust unterwegs nimmt der Berliner Veranstalter billi-
gend in Kauf.

Mir sind übrigens einmal Prügel angedroht worden,
als ich aus zwingenden Gründen eine Lesung in der Provinz absagte, leider sehr kurzfristig. Wenn das nicht ein
klarer Hinweis auf besondere Vorfreude war! In Berlin
könnte einem so etwas nie passieren – wahrscheinlich
atmet der Buchhändler bei einer Absage erleichtert aus
und ruft durch den Laden: »Den wären wir los – freier
Abend!«

Wer bei der Ankunft am Zielort nicht so gern von
der einladenden Seite hört, dass es eigentlich ja sowieso
schon schwer sei, Leute zu Lesungen zu locken, dass der
Vorverkauf aber diesmal ganz besonders schlecht gelau-
fen sei und gerade heute sicher kaum einer komme – der
soll eben gar nicht nach Berlin fahren, sondern gleich
nach Hösbach bei Aschaffenburg. Dort kämpfen sich
hundert tapfere Zuhörer durch Schneegestöber auf spie-
gelglatten Straßen in die nur mit dem Auto erreichbare
Stadtbücherei durch. Und das kurz vor Weihnachten,
also zu einer Zeit, in der ohnehin gar nichts läuft, weil
alle lieber zu Hause Plätzchen backen, als kulturelle Ver-
anstaltungen zu besuchen.

In Kassel dagegen kann man sonntags um elf zum
Vorlesen antreten, und selbst wenn mit den Plakaten irgendwas schiefgelaufen ist und kein einziges irgendwo

in der Stadt aufgehängt werden konnte – man schaut schon mal in hundertfünfzig Gesichter, alle viel munterer, als man selber um diese Zeit normalerweise ist.

In Berlin könnte einem so etwas auch in der Primetime nicht passieren. Dort kann es höchstens sein, dass man bei Regen vor sechzehn Leuten liest – und die Hälfte davon wollte sich eigentlich nur kurz unterstellen.

Wer lebhafte Reaktionen auf seinen Vortrag möchte, der fahre nach Nürnberg oder meinetwegen auch nach Frankfurt. Dort erzittern die Wände selbst bei der schwächsten Pointe. Das Berliner Publikum dagegen sieht aus, als säße es in einer wichtigen Pokerrunde. Man kann komische oder traurige Sachen vorlesen, man kann singen, einen Kopfstand machen – das Auditorium zuckt mit keiner Wimper. Automatisch sucht der Autor Blickkontakt zu einzelnen Teilnehmern, ob die denn noch wach seien. Fragt sich, warum sie nicht einmal blinzeln. Vielleicht ist das eine Art Berliner Trance. Kein Gesichtsmuskel zuckt. Und wenn man fertig gelesen hat, stehen sie auf und gehen. Fragen nicht einmal, ob das Buch, aus dem man ihnen vorgelesen hat, autobiografisch sei – so, wie es alle Zuhörer in Roßdorf, Groß-Umstadt, Idstein und Neustadt an der Weinstraße tun. Möchten nicht, dass man gewundene Sätze in ihr Exemplar schreibt, falls sie eins gekauft haben. »Soll ich es für Sie persönlich signieren? Wie heißen Sie?«, schleimt sich der Autor ein. Nach dem dritten »*Ihr* Name reicht« muckt er nicht mehr. Macht nichts, morgen geht's nach Hamm, da kann er sich wieder austoben.

Sieben Minuten nach Abschluss der Berliner Lesung ist der Laden komplett leer, und die Veranstalter haben schon alle Stühle gestapelt und treten vielsagend von einem Fuß auf den anderen. In ganz Deutschland ist es

Sitte, den literarischen Gast nach der Veranstaltung in
eine Kneipe zu führen und abzufüllen. Für viele Autoren
sind Lesungen die einzige Gelegenheit zu einer warmen
Mahlzeit. Das ist überall bekannt, nur nicht in Berlin.
Warum den Berliner Abend unnötig in die Länge ziehen – »Sie finden Ihr Hotel doch sicher alleine?«

PS: Liebe Berliner Buchhandlung, in der meine Lesung
zu eurer eigenen Überraschung ausverkauft war. Ihr
seid nicht gemeint. Bei euch war es schön. Wirklich.
Meine Telefonnummer ist noch die gleiche, meldet
euch – ich komme jederzeit gern zu euch. Nach Berlin.

»»Eine Großstadt?‹, sagte meine Freundin Lisa,
als sie aus Paris zurückkam, ›eine Großstadt? Kinder,
auf dem Potsdamer Platz gackern ja die Hühner!‹««
Kurt Tucholsky, 1928

BOV BJERG

Großmaultaschenliebe –
Ostberliner Schwabenhass

Prolog

Nicht jeder Schwabe, der am Helmholtzplatz in einem
der so hübsch sanierten Gründerzeithäuser Wohneigen-
tum erworben hat, kommt mit dem Berliner so gut zurecht wie ich. Ich pflege sogar noch Kontakt mit dem
letzten Mieter meiner Wohnung, Oliver, einem einfachen
Bereitschaftspolizisten. Oliver soll mit Frau und Kindern
inzwischen am Stadtrand im Grünen leben, in Marzahn.
Genauer müsste man vielleicht sagen: Oliver pflegt den
Kontakt zu mir. Jedenfalls hat er mir einmal eine ganz
rührende Ansichtskarte geschickt von einem Ausflug
nach Stuttgart. Auf der Vorderseite sah man das Foto
eines älteren Herrn mit blutunterlaufenen Augen, der
von Helfern gestützt wurde. Auf der Rückseite hatte Oliver ein paar freundliche Zeilen notiert: »Versteh hier
nur Bahnhof. Hab deine bucklige Verwandtschaft getroffen! (Siehe vorn.) Gruß, Olli.«
Selbstironie off.

Fakten!

Berlin: Bis 1990 waren Schwaben die zweitgrößte Minderheit, gleich nach den Türken. Seit der Vereinigung
besteht die größte Minderheit Berlins aus Ostberlinern.

Ihre Anpassung an das großstädtische Leben verläuft schleppend und führt regelmäßig zu Unmut unter den alteingesessenen Türken, Schwaben und Berlinern. So sind Menschenrechtsverletzungen wie Soljanka in manchen Gegenden Ostberlins leider immer noch an der Tagesordnung und werden als »kulturelle Besonderheit« erbittert verteidigt. Soljanka führt bei jungen Männern zu extremem Haarausfall und hakenkreuzförmigem Hautausschlag, bei jungen Frauen je nach Vorschädigung zu plötzlicher Erblondung oder rosa Strähnchen.

Stuttgart: Berliner, Sachsen und andere ehemalige DDR-Bürger stellen heute die zweitgrößte Minderheit im Ballungsraum Stuttgart, gleich nach den Italienern. Die Migration von Hunderttausenden von Ostdeutschen in den Jahren 1989ff. stürzte gleich zwei deutsche Regionen ins geistige Elend. Zum einen den Osten, gerade auch den Ostteil Berlins, wo nur *Der Doofe Rest*, nun ja: zurückgeblieben war. Zum andern aber auch den Südwesten: Die Neuschwaben passten sich dem an, was sie für die örtlichen Sitten hielten – und was in Wirklichkeit nur noch Folkore war. Der Konservatismus der arbeitsgeilen Zuwanderer erstickte jegliche Modernisierung, und so waren es schließlich Ostdeutsche und Ostberliner, die die Renaissance von Kehrwoche, Missionarsstellung und Sauren Kutteln einleiteten.

Hass geht durch den Magen

Vergleicht man schwäbische Sprache und Küche mit Jargon und Gebrutzel des Berliners, erscheinen die Schwaben wie Italiener. Das freundliche, melodiöse Mittelhochdeutsch des einen, das preußische Gebell des anderen. Und das Essen, ach.

In der deutschen Hauptstadt treffen und vereinen sich zwei je für sich bereits hinreichend problematische regionale Küchen, die des Nordens und die des Ostens, und mutieren, haste-nich-gesehn, wie zwei verschiedene Stämme eines Bakteriums zu einer gänzlich neuen, kaum zu überlebenden Magen-Darm-Krankheit.

Bäcker, die ihren Süßkram unter zentimeterdickem Zuckerguss begraben, damit sie das Elend nicht mehr sehen und nicht schmecken müssen. Bäcker, die aus Bauschaum Käsekuchen zaubern und arglose Passanten nötigen, einen gebackenen Gipsklops als »Schrippe« zu grüßen.

»Mit Darm oder ohne?« – Das ist die Frage, in der Raffinesse und Distinktionsvermögen der Berliner Küche gipfeln.

Erbspüree isst der Berliner für sein Leben gern. Überhaupt ist Matsch die präferierte Zubereitungsweise: Erbsenmatsch, Kartoffelmatsch, Grünkohlmatsch, Rotkohlmatsch. Matsch mit Salz.

Das Grundrezept ist so einfach wie schmackhaft: Beliebige Zutat fein schreddern und mit der gleichen Menge Salz zwei bis drei Wochen zugedeckt köcheln lassen. Am Wochenende das Umrühren nicht vergessen! Angebrannter Matsch kann, in Streifen gesägt, für sogenanntes Hoppelpoppel verwendet werden.

Hätte der Hugenotte, als er Berlin zivilisierte, den aufgebrachten Barbaren auf den Bäumen nicht Hackfleischbällchen zur Besänftigung zugeworfen, der Berliner würde heute noch nicht einmal die Bulette kennen.

Die Zunge des Berliners unterscheidet die Geschmäcker »heiß« und »kalt«. Zur differenzierten Würdigung der lokalen Küche genügt das vollauf.

Dagegen die Cucina südlich des Limes: Spätzle!

Schupfnudeln! Hofbräu und Obstler statt Schultheiss und Futschi! Kartoffelsalat, ganz ohne Mayonnaise und Salmonellen! Praktisch matschfreie Küche! Dolce vita!

Es ist nur zu verständlich, dass die Konfrontation mit einer derart überlegenen Kultur Neid erzeugt, Frustration, ohnmächtige Wut und schließlich Hass.

Das soll nicht heißen, dass der Berliner sich überhaupt nicht um die Verfeinerung seiner kulinarischen Sitten bemüht. Damit täte man ihm wirklich Unrecht. Folgendes Rezept etwa wird in Berliner Familien seit Langem sorgfältig gehütet und von Generation zu Generation weitergegeben:

»Hausgemachte Berliner Maultaschen (2 Pers.):

1 Dose Ravioli 10 Min. im Wasserbad erwärmen – fertig!«

Die Graugans ruft: Identitäterä!

Eine mystische Zahl kursiert in Prenzlauer Berg: In den letzten zwanzig Jahren seien achtzig Prozent der Bevölkerung »verdrängt« worden! Schlimm. Doch welcher Schrecken wird die Menschen erst erfassen, wenn durchsickert, dass in den letzten hundert Jahren Pi mal Daumen sage und schreibe hundert Prozent der Bevölkerung verdrängt worden sind? Ja, man muss es so hart sagen: Von denen, die 1910 in Prenzlauer Berg lebten, ist praktisch keiner mehr übrig! Wo sind sie hin? Keine Panik – die meisten sind ins Grüne gezogen.

Der Lokal- will wie der große Patriotismus, dass alles bleibt, wie es ist. Und wenn er zu spät kommt: dass alles wieder so wird, wie es einmal war.

Der Lokal- beharrt wie der große Patriotismus darauf, dass, wer zuerst da war, im Recht ist. Dem Opfer

nämlich ist jede Idiotie erlaubt. Jeder will Indianer sein
und keiner der Cowboy.

Thilo Sarrazin hat es bewiesen: Der Lokal- wie der
große Patriotismus liegen auf einem Chromosom, das
alle Kretins auf der Welt gemein haben. In Berlin freilich
gibt es ungefragt dazu noch eine merkwürdige Mikro-
tümelei, ein fanatisches Bekenntnis zum Hyperlokal-
patriotismus. Bereitwillig wird der geistige Horizont
nicht nur auf die eigene Puppenstube begrenzt, sondern
auf den Rand des eigenen Puppenstubentellerchens, auf
die zufällig bewohnte Hausnummer, Straßenecke oder
auf den, wie die vom Tourismusmarketing komplett korrumpierten Fans des ganz kleinen Karos zu lispeln pfle-
gen: »Kiez!« My Kiez is my Kasterl. Identitäterä!

Der junge Friedrichshainer zündelt nicht deshalb so
gern vor seiner Haustür, weil dort die Angriffsziele besonders häufig oder weil gerade dort Anschläge besonders wirksam wären. Nein: Vor der Haustür soll's poli-
tisch nicht nur sauber, sondern rein sein. Gleich hinter
den S-Bahn-Schienen aber beginnt die Terra incognita.
Kein Mensch ist dort je gewesen! Unbekannt, welche
Ausrüstung man braucht. Tut es noch die Beck's-Bier-
Buddel, oder muss es schon ein Sterni sein?

Jeder klagt über Gentrifizierung. Dass die Häuser alle
saniert werden. Dass die Mieten jetzt so hoch sind. Am
lautesten klagt, wer selbst dazu beigetragen hat. Jeder
will, dass die Straße exakt so bleibt, wie er sie zuerst gesehen hat. Egal, ob das vor zwei, vor fünf oder vor zwanzig Jahren war. Die kleine Graugans schlüpft, sieht eine
Bruchbude und hält sie bis zum Ende ihres Lebens für
die Mama.

Um sich die absurd hohen Mieten und ihren Latte to
go leisten zu können, sind Scharen zugezogener Journa-

listen gezwungen, für überregionale Zeitungen launige Reportagen darüber zu verfassen, dass die Häuser alle saniert werden, wie absurd hoch die Mieten nun seien und dass die Bewohner des Viertels neuerdings ihren Kaffee sogar im Gehen trinken.

In Flugblättern wird über »Vertreibung« gejammert, als ob Erika Steinbach persönlich die Schriftleitung übernommen hätte, und von der NPD abgekupferte Slogans wünschen Schwaben und anderen Eindringlingen »Gute Heimfahrt«.

Dabei postulierte schon Kurt Hager (SED Bietigheim): »Der Schwabenhass ist der Antikapitalismus der dummen Kerls!« Oder war es Clara Zetkin (Stuttgart)?

Der böse Zwilling

Der Schwabe, der heute nach Ostberlin zieht, unternimmt eine Zeitreise. Die sich für Eingeborene halten, empfangen ihn mit der gleichen kuhstallwarmen Piefigkeit, der gleichen urgermanischen Abscheu vor den Zumutungen alles Fremden, die in westdeutschen Dörfern bis in die Sechzigerjahre zu Hause war. Der Schwabe und der Berliner, sie haben nichts und alles gemein. Der Berliner gegen den Schwaben, das ist der Deutsche gegen den Ami, das ist der Schweizer gegen den Deutschen, das ist der Franke gegen den Bayern. Böse Zwillinge allesamt.

In der Kohlenstoffwelt treffen Ostberliner und Schwabe kaum einmal mit offenem Visier aufeinander. Doch zum Glück gibt es das Internet, jene segensreiche Erfindung, dank derer man sich heute jederzeit mit Menschen verfehden kann, die man anders nie kennengelernt hätte. Hier, in den Leserkommentaren der Zeitungen, in den Foren und Weblogs fuchteln die irrsten Vertreter beider Seiten mit ihren stumpfen Messerchen. »Urberliner« fluchen darüber, dass es in Prenzlauer Berg wegen der Schwaben nur noch Latte gibt und kaum noch Filterkaffee, nur noch Pasta al dente und keine Matschküche mehr; angebliche Schwaben referieren etwas elaborierter, aber nicht weniger peinlich, über Straßendreck, mangelnde Dankbarkeit und ihren umfangreichen Beitrag zum Länderfinanzausgleich. Und der Soli! Und der Soli!

Man hofft, bei einem besonders ausgeklügelten Rollenspiel mitzulesen, Berliner parodieren Schwaben, und Schwaben äffen Berliner nach – bei einer abgefahrenen modernen Therapie, Familienaufstellung in Kommentaren oder dergleichen. Doch dann blökt einer dermaßen blöd rum, dass es eben doch schon wieder eindeutig blöd ist, und der Leser lässt die Hoffnung, noch auf Hirn zu stoßen, fahren.

Da der Dialog im Netz mit Fäusten nicht beschleunigt und beendet werden kann, ergibt ein Wort das andere, keiner will gegen den bösen Zwilling zurückstehen – wer von den beiden Dummen sollte auch nachgeben? Die Kollerkommunikation rollt und rollt.

So laut und lustig wie der gestörte Köter, der vor dem Spiegel sich selbst bis zur Erschöpfung verbellt.

>>Der Horizont des Berliners ist längst
nicht so groß wie seine Stadt.<<
Kurt Tucholsky (zugeschrieben)

WIGLAF DROSTE

Wenn der Berliner kommt ...

Am Wochenende und an kirchlichen Feiertagen über-
fällt den Berliner der Wunsch, Mensch zu sein. Zwar hat
er vor lauter Wichtigkeit vergessen, was das ist und wie
das geht, aber er nimmt es sich fest vor und inszeniert
es mit der ihm eigenen Bedeutsamkeit. Mister Hyde
möchte wieder Doktor Jekyll werden; zwar bleibt er
doch immer Mister Hyde, egal wie humanoid er sich
auch verkleidet, schminkt oder gibt, aber das weiß er
nicht, ignoriert es daher frohgemut, wirft sich in Frei-
zeitschale, klemmt sich Mausi unter den Arm und knat-
tert los.

Sein Ziel ist das, was er ganz selbstverständlich als
»Umland« bezeichnet; die Herablassung, die in diesem
Wort steckt, ist ihm zwar nicht bewusst, aber durchaus
so gemeint. Schließlich ist Berlin der Mittelpunkt der
Welt, um den alles andere eben herumliegt und nur darauf wartet, mit dem Geschenk eines Besuchs beglückt
zu werden. Wenn ein Berliner eine Vorstellung davon
hätte, dass die von ihm als Rest betrachtete übrige
Menschheit ihre eigenen und von ihm ganz unabhängi-
gen Ziele verfolgen könnte, dann wäre das schon sehr
viel.

Der Berliner hat von nichts eine Ahnung, das aber
laut und vernehmlich. Er muss auch nichts wissen; er ist
ja schon da, seine eigene Anwesenheit genügt ihm vollständig und sollte auch jedem anderen ein hinreichen-

der Grund zur Freude sein. Und so taucht er im Städtchen auf, gern in großer Schaumacherkarre oder auch
auf dem heftig pött-pötternden Motorrad, jedenfalls so,
dass man ihn optisch und akustisch wahrnehmen muss,
ob man das nun möchte oder nicht. Hat er sein Sieht-
mich-auch-jeder?-Vehikel abgestellt, walzt er in Zweier-
oder Viererreihe übers Trottoir wie ein gemächliches
Breitwandgesäß, lässt niemanden passieren und hat de-
monstrativ jede Menge Zeit.

Etwas Konturloses, Matschiges, Sinnloses umweht
ihn; ohne sich eine Form zu geben, würgt und wirscht er
durch die Gegend und teilt der Welt in Körpersprache
mit: Ist es nicht herrlich, dass ICH jetzt freihabe? Mag
sein – aber muss das die Welt auch nur die Bohne interessieren? Und ist es nicht erstaunlich, wie brüllend laut
die angeblich stumme Körpersprache sein kann? De-
zente Zurückhaltung überlässt der ausflügelnde Berliner
anderen. Er ist inzwischen im Lokal angekommen und
verlangt Bedienung. Die steht ihm zu, aber zack, zack!
Ungläubig und widerwillig muss der Vertreter der Aus-
flüglersorte Mensch zur Kenntnis nehmen, dass nicht
allein er und die Seinen auf die außergewöhnliche Idee
einer Ausfahrt kamen; viele, viele andere sind ebenfalls
ausgeflogen, manche sogar schon vor ihm. Bekommt er
jetzt etwa nicht sofort einen Platz und all das, worauf er
ein Anrecht hat? Skandal? Verrat? Ja, auch – vor allem
aber Frechheit, jawohl: »Eine Frechheit is det!«

Mürrisch und kurz vorm Maulen steht der ausflugs-
zielfixierte Berliner im Lokal und hühnert mit den Fü-
ßen. Beinahe schon hat er ein abschließend wegwerfen-
des »Also, hier kannste ja ooch jar nich mehr hinjehn!«
auf den Lippen, als er doch noch einen freien Tisch er-
späht. Allerdings steht dieser recht entlegen halb um

die Ecke, und die Rückenlehnen der Stühle sind gegen die Tischkanten gekippt. Über diese kleinen Zeichen sieht und geht der Ausflügler großzügig hinweg, eilt samt seinem Tross hinzu, rückt und ruckelt sich das Gestühl ostentativ und abermals gut vernehmlich zurecht, macht es sich bequem und schaut mit erwartungsvoll gerundetem Karpfenmund zu Kellnerin und Kellner. Die allerdings haben gut zu tun, und ihre Wegschneisen liegen abseits des Tisches, an dem Familie Sitzsack Platz genommen hat. Die Stimmung am Tisch verdüstert sich; wie kann das sein? Wir sind schon zwei Minuten hier, und das Essen steht noch nicht auf dem Tisch! Es wird nach Bedienung gewinkt, gerufen, mit den Fingern geschnipst und sogar gepfiffen; auch diese groben Regelverstöße bleiben folgenlos, in jeder Hinsicht. Nun macht der Ausflugsfamilienvorstand die Angelegenheit zur Chefsache, steht auf, strafft sich, sandalettet in einen weniger dezentral gelegenen Bereich des Gartenlokals hinüber und stellt sich entschlossen und mutig einer Kellnerin in den Weg. Die, ein volles Tablett in den Händen, erklärt ihm dennoch geduldig, dass an jenem Tisch leider nicht bedient werde; zu diesem Zeichen habe sie ja auch die Stühle gegen den Tisch gelehnt.

Das Gesicht des Ausflüglers wird zur Bühne, auf der sich ein faszinierendes Schauspiel ereignet: Zehntelsekunde für Zehntelsekunde kann man dabei zusehen, wie lange es dauert, bis der Groschen fällt. Als er durchgerutscht ist, klappt dem Ausflügler der Mund auf. In wortloser Wut starrt er die Kellnerin an, dreht sich um und macht seinem Klüngel ein Handzeichen, aufzustehen. Geräuschvoll rauscht die Truppe ab. Im Gesicht des Chefausflüglers aber arbeitet es. Seine Sprache kehrt in ihn zurück. Er dreht sich noch einmal um, schwillt zu voller Bedeutung an und entlässt den Inhalt seines Triumphatorenkopfes in den Tag: »So kann ditt ja nüscht wern im Osten!« – Nein, da muss erst einer wie er kommen, bis alles so schön ist wie überall.

Was ist der Unterschied zwischen Terroristen und Touristen? Terroristen haben Sympathisanten.

>>Herrgottsakrament, hier kann man irrsinnig werden.
Keine Seele, mit der ein Wort möglich wäre.
Von welchen Gesetzen diese Stadt regiert wird,
werde ich nie verstehen.«
Carl Sternheim, 1911

CHRISTIANE RÖSINGER

Berlin

Wenn die Sonne fehlt, wenn der Regen läuft
Wenn die Unterschicht das Kindergeld versäuft
Wenn die Hunde wachen, ihre Haufen machen
Ja, dann sind wir wieder in Berlin

Wenn die Fahrradfahrer uns vom Bordstein fegen
Die Verrückten in der U-Bahn wieder laut mit
     sich selber reden
Wenn die Stressercliquen dann ihr Zeug verticken
Ja, dann sind wir wieder in Berlin

Wenn die Autofahrer kurz am Amok streifen
Und die Hostelhorden durch die Straßen geifern
Wenn die Gullis stinken und die Pärchen winken
Ja, dann sind wir wieder in Berlin

Wenn die Freiberufler die Cafés besetzen
Und die Laptop-Poser sich aufs Neu vernetzen
Mit den Kreativen und den ganz Naiven
Ja, dann sind wir sicher in Berlin

Wenn die Parkausflügler dann die Schwäne füttern
Und die Allerblödsten es gleich weitertwittern
Wenn wir zum Vorglühen durch die Spätis ziehen
Ja, dann sind wir wieder in Berlin

Wenn die Ökoeltern sich zum Brunchen treffen
Und die Arschlochkinder durch die Cafés kläffen
Wenn der Service hinkt und's nach Babykotze stinkt
Ja, dann sind wir wieder in Berlin

Wenn die Technoleichen zur Afterhour schleichen
Und nur die Halbverstrahlten Contenance behalten
Wenn die Druffis taumeln und die Durchis jaulen
Ja, dann sind wir wieder in Berlin

»Ich hasse Berlin-Hasser, und wenn ich in Westdeutschland
war, möchte ich trotz allem immer wieder den Berliner
Boden küssen, so froh bin ich, in Berlin zu wohnen.«
Christiane Rösinger, 2011

Nachwort

»Ehrlich gesagt, interessiert mich die Berlin-Schelte so wenig wie die Berlin-Verzückung. Beides ist doch nichts anderes als Hype, Pseudoauseinandersetzung, Feuilleton.« So lautet eine der Absagen, die ich auf meine Anfragen für Beiträge zu dieser Anthologie erhielt. Nun gut. An Berlin scheiden sich eben die Geister. Aber gewiss nicht erst seit dem Hauptstadtbeschluss 1991 und dem unübersehbaren Zuzugsboom Anfang dieses Jahrhunderts. Seit die Stadt vor über 300 Jahren zur Hauptstadt Preußens erhoben wurde, haben Dichter und Denker, darunter Johann Wolfgang Goethe, Heinrich von Kleist, Anton Tschechow und Bertolt Brecht, kein gutes Haar an ihr gelassen. Insofern stehen die hier versammelten Autoren, die sich zu einer Stadtbeschimpfung Berlins hinreißen ließen, in einer langen Tradition. Die historischen Zitate belegen diese Tatsache eindrucksvoll.

Berlin, die raue Stadt, ist für den rüden Umgangston seiner Bewohner bekannt. Und wenn mit dieser Anthologie dem zeitgeistigen Berlin die Leviten gelesen werden, wird die Berliner Schnauze das schon verkraften. Wobei das eigentliche Anliegen nicht allein humoristischer Natur ist; es geht zugleich um ein Lob der Provinz und der kulturellen Vielfalt in diesem Land: Auch in »Restdeutschland« ist das Leben lebenswert! Dies droht vor dem Hintergrund der vermeintlichen Attraktivität

Berlins immer mehr aus dem Blick zu geraten. Zumal hierzulande eine regelrechte Angst vorherrscht, als provinziell zu gelten. Warum nur? Berlin selbst ist ein regelrechter Hort der Provinzialität. Mittlerweile ist hier jede Kleinstadt vertreten.

Kurzum: Berlin ist Culture Clash – und ebenso die Diskussion über diese Stadt, eine Auseinandersetzung, deren eigentümliche Dynamik sich in Äußerungen offenbart wie: »Berliner sind unfreundlich. Es wird Zeit, dass wir das den Touristen kommunizieren.« Tatsächlich fürchten Bewohner des für seine Toleranz bekannten Stadtteils Kreuzberg (»Kein Mensch ist illegal«), die totale Touristifizierung. Ich mag da nur erwidern: »Ich bin kein Berliner – und das ist auch gut so!«

Fürs Zustandekommen dieses Buches danke ich in erster Linie den beitragenden Autoren. Die Vielfalt und Tiefe ihrer Berlin-Abneigung hat mich immer wieder von Neuem überrascht. Mein weiterer Dank, nicht zuletzt für den Zuspruch und wertvolle Tipps, gilt Jürgen Horbach, Steffen Haselbach, Anne Stadler, Friederike Achilles, Karin Schmidt, Daniela Jarzynka und Regina Louis. Und last but not least bewundere ich Kristina, Helena und Josef, wie sie es in dieser an allen Ecken und Enden von Widrigkeiten geplagten Stadt trotzdem aushalten.

Berlin, im September 2011
    Moritz Kienast

Zu den Autoren

ZOË BECK, geboren 1975, arbeitet als freie Autorin, Redakteurin und Übersetzerin. 2010 erhielt sie den Friedrich-Glauser-Preis in der Sparte »Bester Kurzkrimi«. 2011 war ihr Roman *Das alte Kind* auf der Shortlist für den Friedrich-Glauser-Preis Sparte »Bester Roman«. Da sie selbst bekennend agoraphob ist, findet sie, dass Berlin genau die richtige Stadt für sie ist.
Von ihr sind erschienen: *Der frühe Tod* (2011) sowie *Wenn es dämmert* und *Das alte Kind* (beide 2010).
www.zoebeck.net

STEFAN BEUSE wurde 1967 in Münster geboren und lebt seit etwa 15 Jahren in Hamburg, weil man dort vor Leuten, die den ganzen Tag von Berlin schwärmen, relativ sicher ist – was wiederum daran liegt, dass sich niemand, der am schönsten Strand der Welt liegt, nach einem brackigen Tümpel sehnen würde. Seine *Gebrauchsanweisung für Hamburg* (zuletzt 2009) enthält so viele Angriffe auf die sogenannte Hauptstadt, dass man ihn nie wieder dort reinlassen wird. Mission erfüllt. Stefan Beuse hat außerdem ein paar Romane geschrieben und ein paar Preise dafür bekommen. Sein jüngster Roman heißt *Alles was du siehst* (2009) und spielt nicht in Berlin.
www.stefanbeuse.de

BOV BJERG, geboren 1965 in Württemberg, studierte
Linguistik, Politik- und Literaturwissenschaften in
Berlin und Amsterdam. Er ist Absolvent des Deutschen Literaturinstituts in Leipzig. Zwischen 1989
und 1996 rief er mehrere Berliner Lesebühnen ins
Leben: *Dr. Seltsams Frühschoppen*, *Mittwochsfazit*
und die Reformbühne *Heim & Welt*. Bei verschiedenen Produktionen des Musikkabaretts Zwei Drittel
arbeitete er als Schauspieler, Autor und Koch. 2002
wurde er mit dem Deutschen Kabarettpreis ausgezeichnet, 2004 erhielt er den MDR-Literaturpreis.
Seit 1984 lebt er mit kurzen Unterbrechungen in
Berlin. Zahlreiche Veröffentlichungen, darunter der
Roman *Deadline* (2008).
www.bjerg.de

THILO BOCK wurde 1973 in Berlin geboren und lebt
dort bis heute, weil Berlin einfach knorke ist. Er findet, wem es dort nicht passt, kann sich gerne woanders aufhalten, dann wäre es auch weniger voll in
der Stadt. Zu seinen Auftritten ist selbstverständlich
jeder herzlich eingeladen, denn er liest, singt und
trinkt regelmäßig vor Publikum. So bei seiner monat-
lichen Randkulturveranstaltung *Dichter als Goethe*.
Im Wedding ist er deshalb weltberühmt. Darüber
hinaus leitet er Schreibwerkstätten und experimen-
tiert mit Nahrungsmitteln. Für seine Arbeiten sind
ihm mehrere Stipendien zuerkannt worden. Erschienen sind von ihm der Kurzprosaband *Vogel sucht
Fallschirm* (1997) sowie die Romane *Die geladene
Knarre von Andreas Baader* (2009) und *Senatsreserve*
(2011).
www.thilo-bock.de

JAN BÖHMERMANN, Jahrgang 1981, wuchs in Vege-
sack auf, dem Neukölln Bremens. Nach jahrelangem
Training im Schülerkabarett Anti-Toxin begann er
1999, ein Jahr vor dem Abitur, als Comedian, Mode-
rator und Autor für Radio Bremen zu arbeiten. Anschließend wechselte Böhmermann zum WDR und
erfand hier die Hörfunkunterhaltungsreihe *Lukas'
Tagebuch*, eine Parodie auf den Fußballspieler Lukas
Podolski. Für das WDR-Fernsehen produzierte der
volontierte Journalist und halbherzig anstudierte
Sozialwissenschaftler die Satireshow *echt Böhmermann*. Mit den *TV-Helden* (RTL) gewann er den Deutschen Fernsehpreis 2009. Jan Böhmermann ist Mit-
glied des ARD-Showensembles von Harald Schmidt
und wechselt 2011 mit Schmidt zu Sat.1. Neben seiner wöchentlichen, deutschlandweit ausgestrahlten
Radiotalkshow *Lateline* (ARD) tourt Böhmermann
mit MTV-Home-Moderator Klaas Heufer-Umlauf
und dem gemeinsamen Comedy-Programm *Zwei
alte Hasen erzählen von früher* durch Deutschland.
Böhmermanns erstes Buch *Alles, alles über Deutschland. Halbwissen kompakt* erschien 2009. Er lebt mit
Frau, Kind und acht Katzen auf einem Biobauernhof
in Köln, dem Spandau Westdeutschlands.
www.boehmermann.de

STEFAN BONNER und ANNE WEISS arbeiten als Lek-
toren in einem großen Publikumsverlag im Schatten
der größten Kathedrale Deutschlands und haben zuletzt ein Buch mit dem formschönen Titel *Heilige
Scheiße* (2011) veröffentlicht.
Stefan Bonner hat zuvor als Redakteur für die Magazine *Impulse* und *Bizz* geschrieben und ist seit über

35 Jahren Rheinländer. Nur fürs Segeln bewegt er sich von der heimischen Scholle weg. Seit er Vater ist, überlegt er, ob man seine Kinder nicht doch im Ausland erziehen sollte, und hat aus diesem Grund seinen letzten Urlaub in Brandenburg verbracht. Anne Weiss ist so oft umgezogen, dass gar nicht mehr feststellbar ist, wo sie eigentlich herkommt. Studiert hat sie in Bremen, gearbeitet in Frankfurt, Berlin und Köln, noch nie war sie in Paderborn. Im Rheinland ist sie eher aus Zufall hängen geblieben.

ALINA BRONSKY, geboren 1978 in Jekaterinburg/Russland, verbrachte ihre Kindheit auf der asiatischen Seite des Ural-Gebirges und ihre Jugend in Marburg und Darmstadt. Nach abgebrochenem Medizinstudium arbeitete sie als Texterin in einer Werbeagentur und als Redakteurin bei einer Tageszeitung. Sie lebt bei Frankfurt und telefoniert bis heute fast täglich mit ihren Großeltern in Sibirien. Von ihr erschienen sind die beiden Romane *Scherbenpark* (2008) und *Die schärfsten Gerichte der tatarischen Küche* (2010).

WIGLAF DROSTE, geboren 1961, lebt in Berlin. Er schreibt u. a. in der *tageszeitung*, der *Weltwoche* und in der *Jungen Welt*. Er ist viel unterwegs, am liebsten mit dem Essener Spardosen-Terzett, mit dem er die CD *Für immer* aufgenommen hat. Gemeinsam mit Vincent Klink gibt Wiglaf Droste die Zeitschrift *Häuptling Eigener Herd* heraus. Hin und wieder erscheint eine Auswahl seiner Kolumnen als Buch. Für seine Kolumnen in der *taz* und im *Kritischen Tagebuch* beim WDR erhielt der Schriftsteller, Lyriker und Satiriker 2003 den Ben-Witter-Preis. 2005 wurde

Wiglaf Droste mit dem Annette-von-Droste-Hülshoff-Preis geehrt. Von März bis Juli 2009 war Droste der 29. Stadtschreiber zu Rheinsberg in Brandenburg.

NINA GEORGE, geboren 1973 in Bielefeld, ist Schriftstellerin und Journalistin. Sie schreibt Romane, Krimis, Science-Thriller, Kurzgeschichten, Kolumnen. Ihr Pseudonym Anne West gehört mit zwölf Sachbüchern und Kurzgeschichtenbänden zu den erfolgreichsten deutschsprachigen Erotika-Autorinnen. Für ihren Roman *Die Mondspielerin* wurde George mit dem DeLiA 2011, dem Literaturpreis für den besten deutschsprachigen Liebesroman des Vorjahres, ausgezeichnet. Nina George ist verheiratet und lebt in Hamburg, der schönsten, klügsten, sexysten Stadt der Welt, was jeder weiß (außer die Berliner natürlich). www.ninageorge.de

ANKE GREIFENEDER, geboren 1972 im Schwarzwald, studierte Jura in Konstanz, wo sie – laut eigener Aussage – weder Gerechtigkeit noch einen Ehemann fand. Sie verabschiedete sich von der Juristerei und tauchte ab in die »glitzernde Welt der Medien«. Nach einigen kurzen Intermezzi, u. a. für die *Südwestpresse*, begann sie Ende 1999 bei MTV in München. Zunächst leitete Anke Greifeneder die Programmplanung für MTV in London, dann die Abteilung Einkauf und Showentwicklung für MTV und VIVA in Berlin. Als Channel Managerin für Comedy Central war sie am Aufbau des Kanals beteiligt und wechselte im Oktober 2007 zu Turner Broadcasting System nach München, wo sie als Programmdirektorin die Sender Cartoon Network, Boomerang, TNT Film und TNT

Serie verantwortet. Folgende Romane sind bereits
von ihr erschienen: *Klatschmohn* (2004), *Flurfunk*,
(2005), *Flaschendrehen* (2008), *Fremd Flirten* (2009),
Heute, morgen und für immer (2011).
www.anke-greifeneder.de

HAUKE HÜCKSTÄDT, geboren 1969 in Schwedt/Oder.
1984 Ausreise in die BRD nach Hannover, wo er 1989
eine Tischlerlehre abschließt, 1992 Abitur macht und
anschließend an der Leibniz-Universität Germanistik
und Geschichte studiert. Von 1995 bis 2000 ist er in
der Leitung des Literarischen Salons tätig. In den
Jahren 2000 bis 2010 ist er Geschäftsführer und Programmleiter des Literarischen Zentrums in Göttin-
gen. Seit 2010 steht er als Leiter dem Literaturhaus
in Frankfurt am Main vor. Hauke Hückstädt ist
außerdem als Autor, Herausgeber, Kritiker und Lehr-
beauftragter tätig. Von ihm erschienen sind neben
Herausgaben und zahlreichen Veröffentlichungen
von Gedichten in Zeitschriften und Anthologien der
Gedichtband *Neue Heiterkeit* (2001) sowie die Über-
setzungen *Etwas für die Geister* (2007) des englischen Dichters David Constantine.

ANDREAS IZQUIERDO, geboren 1968 in Euskirchen,
wuchs als Sohn eines deutschen Ingenieurs und einer
spanischen Krankenschwester in der Nordeifel auf.
Nach dem Abitur 1987 zog er zum Studium nach Köln,
danach volontierte er in einem Sportverlag. Sein
Schelmenstück *König von Albanien* (2007) wurde mit
dem Sir-Walter-Scott-Preis für den besten historischen Roman 2008 ausgezeichnet. Der Fantasy-
roman *Apocalypsia* (2010) wurde »Buch des Jahres«

bei Vorablesen.de und erhielt außerdem den Lovely-Books-Leserpreis in Silber. Andreas Izquierdo lebt und arbeitet als freier Schriftsteller und Drehbuchautor in Köln.
www.izquierdo.de

HENNER KOTTE, geboren 1963 in Wolgast, studierte Germanistik in Leipzig, Moskau und Dresden und arbeitet heute als Schriftsteller, Redakteur und Theaterkritiker. 1997 erhielt er den MDR-Literaturpreis, seit 2001 moderiert er eine eigene kriminalliterarische Talkshow, die *Schwarze Serie*, in der Leipziger Moritzbastei. Von ihm sind u. a. erschienen die Kriminalromane *Titelhelden* (2006), *Der Tote im Baum* (2007), *Abriss Leipzig* (2008) und *Augen für den Fuchs* (2010).
www.henner-kotte.de

TOM LIEHR, geboren 1962 in Berlin, war Redakteur, Rundfunkproduzent und DJ. Seit 1998 ist er Besitzer eines Unternehmens für Softwareentwicklung. Er lebt in Berlin. Bislang erschienen von ihm die Romane: *Radio Nights* (2003), *Idiotentest* (2005), *Stellungswechsel* (2007), *Geisterfahrer* (2008), *Pauschaltourist* (2009) und *Sommerhit* (2011). Sein Statement zur überschätzten Hauptstadt: »Köln ist Dope, Hamburg ist Koks, aber Berlin ist Heroin.«
www.tomliehr.de

WIEBKE LORENZ, geboren 1972 in Düsseldorf, studierte in Trier Germanistik, Anglistik und Medienwissenschaft und lebt heute in Hamburg. Sie arbeitet journalistisch für Zeitschriften wie *Cosmopolitan* und schreibt Drehbücher für TV-Filme. Ihr Roman *Liebe, Lügen, Leitartikel* (2000) wurde für Sat.1 verfilmt, auch ihre Bücher *Was? Wäre? Wenn?* (2003) und *Allerliebste Schwester* (2010) waren bei Kritik und Publikum höchst erfolgreich. Gemeinsam mit ihrer Schwester Frauke Scheunemann veröffentlicht sie unter dem Pseudonym »Anne Hertz« Unterhaltungs- romane, die regelmäßig den Sprung in die Bestseller- listen schaffen. Wiebke Lorenz hat eigentlich nichts gegen Berlin, schreibt für Geld aber alles. www.wiebke-lorenz.de

ANJA MAIER, geboren 1965 in Ostberlin, ist *taz*-Journa- listin. Bevor sie das wurde, war sie Schriftsetzerin, Studentin und Korrektorin. Vor Jahren ist sie von Berlin-Prenzlauer Berg mit ihrer Familie nach Bran- denburg gezogen, wo sie nun am Ende einer ver- kehrsberuhigten Sackgasse wohnt und manchmal den Berliner Ausflüglern zuwinkt. 2010 erschien von ihr *Die Pubertistin*, 2011 folgte *Lassen Sie mich durch, ich bin Mutter.*

RAINER MORITZ, 1958 in Heilbronn geboren, studierte Germanistik, Philosophie und Romanistik in Tübin- gen. Von 1989 bis 2004 war er im Verlagswesen tätig, zuletzt als Programmgeschäftsführer des Hoffmann und Campe Verlags. Seit Anfang 2005 leitet er das Li- teraturhaus Hamburg. Er ist Literaturkritiker, Essay- ist und Autor zahlreicher Bücher, darunter zuletzt: *Die Überlebensbibliothek. Bücher für alle Lebensla- gen* (2006), *Ich Wirtschaftswunderkind. Mein famo- ses Leben mit Peggy March, Petar Radenkovic und Schmelzkäseecken* (2008), *Die schönsten Buchhand-*

lungen Europas (mit Reto Guntli, 2010) sowie die Romane *Madame Cottard und eine Ahnung von Liebe* (2009) und *Madame Cottard und die Furcht vor dem Glück* (2011). Seit 1995 vermeidet er es, mehr als zwei Tage am Stück in Berlin zu verbringen.

SABINA NABER, geboren 1965 in Niederösterreich, studierte Theaterwissenschaft mit der Fächerkombination Germanistik, Geschichte und Philosophie. Parallel dazu absolvierte sie eine Theaterausbildung. Anschließend arbeitete sie als Regisseurin für Film und Theater und sammelte journalistische Erfahrungen, unter anderem beim ORF. 1996 begann sie eine Ausbildung zur Drehbuchautorin, es folgten Aufträge von verschiedenen Fernseh-Produktionsfirmen und für Industriefilme. 2002 erschien unter dem Titel *Die Namensvetterin* ihr erster Roman um die Wiener Kommissarin Marie Kouba. Es folgten 2003 *Der Kreis*, 2005 *Die Debütantin*, 2007 *Der letzte Engel springt*, 2009 *Die Lebenstrinker* und 2011 *Die Spielmacher*. Die in Wien lebende Autorin wurde 2007 mit dem Friedrich-Glauser-Preis ausgezeichnet.
www.sabinanaber.at

KARL-HEINZ OTT wurde 1957 in Ehingen an der Donau geboren. 1998 erschien sein Romandebüt *Ins Offene*, das mit dem Hölderlin-Förderpreis und dem Thaddäus-Troll-Preis ausgezeichnet wurde. Für seinen Roman *Endlich Stille* (2005) erhielt er den Alemannischen Literaturpreis, den Candide-Preis sowie den Preis der LiteraTour Nord. 2008 erschien sein dritter Roman *Ob wir wollen oder nicht*, 2011 folgte *Wintzenried*. Außerdem veröffentlichte er *Heimatkunde*.

Baden (2007) und *Tumult und Grazie. Über Georg
Friedrich Händel* (2008). 2010 wurde am National-
theater Mannheim das von Theresia Walser und ihm
gemeinsam geschriebene Stück *Die ganze Welt* ur-
aufgeführt. Karl-Heinz Ott lebt in Freiburg.

MATTHIAS POLITYCKI, 1955 geboren, lebt in Hamburg
und München. Der »Grandseigneur unserer Literatur« *(Tagesspiegel)* zählt zu den renommiertesten
Vertretern deutscher Gegenwartsliteratur. Er hat
Romane, Erzählungen, Essays und Gedichte veröffentlicht, darunter den *Weiberroman* (1997), seinen
großen Kuba-Roman *Herr der Hörner* (2005), den
Schelmenroman *In 180 Tagen um die Welt* (2007) und
die preisgekrönte *Jenseitsnovelle* (2009). Berliner-
Pilsener schmeckt ihm noch schlechter als britisches
Ale, dem er zuletzt einen ganzen Gedichtband wid-
mete: *London für Helden. The Ale Trail – Expedition
ins Bierreich* (Gedichte, 2011).
www.matthias-politycki.de

STEPHAN REIMERTZ, von der Mutter her baltendeut-
scher, vom Vater her westfälischer Abkunft, wurde
1962 in Aachen geboren. Nach Berlin ist er mit seinen
Eltern bereits in den Sechzigerjahren gereist, als man
im Theater des Westens *My Fair Lady* gab. 1977 fuhr
er zum ersten Mal in den Ostteil der Stadt und ließ
den Charme von Grenzkontrollen, Pergamonmuseum,
Maifeiern, Komischer Oper und »Berliner Angsambel«
auf sich wirken. Am Abend des 9. November 1989 hielt
er in jenen Minuten, da in Berlin die Mauer fiel, an
der Uni Frankfurt a. M. gerade einen Vortrag über
Karl Kraus. Im Januar 1990 entdeckte er Potsdam für

sich, wo er seitdem ein Mal im Jahr auftaucht, um im Neuen Garten zu flanieren und im Heiligen See zu schwimmen, in Sichtweite von Potsdams etwas unmanierlicher östlicher Vorstadt Berlin.

CHRISTIANE RÖSINGER, geboren 1961 in Rastatt, wuchs auf einem badischen Spargelacker auf und war Gründerin, Sängerin und Texterin der Berliner Bands Lassie Singers und Britta. In den 1990er-Jahren war sie eine der Betreiberinnen der legendären »Flittchenbar« am Berliner Ostbahnhof. Neben ihrer Arbeit als Musikerin schreibt sie Kolumnen und andere Beiträge für verschiedene Zeitungen und Magazine, darunter *taz, Tagesspiegel, Berliner Zeitung* und *Berliner Seiten* der FAZ. Im Jahr 2008 veröffentlichte sie ihren ersten Roman, *Das schöne Leben*. Seit 2008 schreibt und spricht sie die wöchentliche Kolumne »Aus dem Leben der Lo-fi-Bohème« für den österreichischen Radiosender fm4. Ihr erstes Soloalbum *Songs Of L. And Hate* erschien 2010. www.christiane-roesinger.de

DIETMAR SOUS, geboren 1954 als Sohn einer Hausfrau und eines Steinbrucharbeiters, lebt als Schriftsteller und Kritiker im Rheinland. In der Fußballsaison 1968/69 war er zunächst Torwart der Jugendmannschaft des FC Breinigerberg, wurde aber nach einer Pannenserie ins Mittelfeld strafversetzt. Nach dem Abitur 1973 arbeitete er im Tiefbau und in Fabriken. Anschließend leistete er 16 Monate lang Zivildienst als Krankenpfleger. Zahlreiche Veröffentlichungen, zuletzt der Erzählungsband *Weekend* (2008). Anfang 2012 erscheint der Roman *Sweet about me*.

BURKHARD SPINNEN, geboren 1956 in Mönchenglad-
bach, Studium der Germanistik, Publizistik und So-
ziologie in Münster. Umfangreiche literarische, wis-
senschaftliche und essayistische Veröffentlichungen.
Zahlreiche Preise und Auszeichnungen, darunter
1991 aspekte-Literaturpreis, 1996 Kranichsteiner Literaturpreis, 1999 Literaturpreis der Konrad-Ade-
nauer-Stiftung und 2004 der Niederrheinische Literaturpreis der Stadt Krefeld für sein bisheriges
Gesamtwerk.

JÖRG SUNDERMEIER, geboren 1970, studierte Geschichte, Literaturwissenschaft und Philosophie an
der Universität Bielefeld. Er lebt in Berlin und ist Ver-
leger des 1995 von ihm gegründeten Verbrecher Verlags. Neben seiner Eigenschaft als Herausgeber zahlreicher Anthologien schreibt er als Kolumnist für die
taz und die *Berliner Zeitung*; in den Büchern *Der
letzte linke Student* (2004) und *Der letzte linke Student kämpft weiter* (2011) sind einige seiner schönsten Kolumnen aus der *Jungle World* versammelt.
2010 erschien sein Buch *Heimatkunde Ostwestfalen*,
denn der in Gütersloh geborene Autor empfindet sich
auch in der Hauptstadt immer als Ostwestfale.

Die Cartoonisten

CLAAS JANSSEN, 1963 geboren, hat nach dem Abitur
Illustration und Kommunikationsdesign studiert und
danach in renommierten Werbeagenturen gearbeitet. Seit 1999 arbeitet er als freiberuflicher Illustrator
in Frankfurt am Main für Buchverlage, Werbeagenturen und Internetkunden.
www.janssen-illustration.de

TOMMY MAYER, geboren 1961, hat nach dem Abitur
Kunsterziehung, Anglistik und Grafikdesign studiert,
wurde Werbetexter und arbeitet seit 2000 freiberuf-
lich als Kreativdirektor in Frankfurt am Main. Er en-
gagiert sich außerdem als Drehbuchschreiber und
Rockmusiker.
www.tommymayer.de

Der Herausgeber

MORITZ KIENAST, geboren 1978 in Hamburg, studierte
Germanistik und Geschichte. Er ist Programmleiter
in einem deutschen Publikumsverlag. Bis heute hat
er nicht verkraftet, dass seine beiden Kinder als Berliner auf die Welt gekommen sind.

Was soll ich tun? Wer zahlt? Und: Kann ich noch fahren?

Dieter Nuhr
DER ULTIMATIVE
RATGEBER FÜR ALLES
304 Seiten
mit zahlreichen
Abbildungen
ISBN 978-3-7857-6055-0

Dieses Buch ist etwas völlig Neues. Denn es macht schlau. Man liest ja kein ganzes Buch, um am Ende immer noch blöd zu sein wie ein Sack Dinkelmehl. Doch hier werden sogar elementare Fragen beantwortet: Dies ist ein Ratgeber für alle Gelegenheiten, vom Urknall bis zum Jüngsten Gericht. Dieter Nuhr gibt Ratschläge zur Reinkarnation, dem Umgang mit Alkohol, Hautcreme, dem Schöpfer, Privatfernsehen, Weinbrandbohnen und dem Leben an sich. Der Philosoph unter den Comedians mit neuen brüllend komischen Weisheiten.

»Dieter Nuhr beweist, dass Komik und Intelligenz sich nicht ausschließen.« BERLINER MORGENPOST

Lübbe Paperback

Deutschlands unbekannter Wilder Westen

Konrad Lischka / Frank Patalong
DAT SCHÖNSTE AM WEIN IS DAT PILSKEN DANACH
Die wunderbare Welt des Ruhrpotts
272 Seiten
mit zahlreichen Abbildungen
ISBN 978-3-7857-2439-2

Der Ruhrpott – Hochöfen, Kohle und Stahl haben wir vor Augen, wenn wir daran denken. Rußverschmierte Kumpels, Currywurst und Bier, und die ersten Gastarbeiter Deutschlands. War's das? Spätestens nach der Kulturhauptstadt 2010 ist klar: Es brodelt! Die Kulturszene begeistert, Architektur und Landschaft ziehen Scharen von Besuchern an. Der Pott ist cool und salonfähig geworden. Oder sind das wieder nur Klischees?
Konrad Lischka und Frank Patalong kramen in Erinnerungen und entdecken ihre Heimat neu. Sentimental, melancholisch, aber auch mit viel Sinn für Ironie und Deftigkeit – eben typisch Ruhrpott – zeigen sie uns die Einzigartigkeit des Reviers und seiner wunderbaren Bewohner.

Lübbe Hardcover

DDR reloaded – mit Charme, Humor und Selbstironie erzählt Switch-Star Petra Nadolny von ihrer Vergangenheit

Petra Nadolny
ALLES NEISSE, ODER?
Meine Geschichten
aus dem Osten
272 Seiten
mit zahlreichen
Abbildungen
ISBN 978-3-7857-6054-3

Nacktbaden am Ostseestrand, Staatsbürgerkunde und Bückware – im Mecklenburg-Vorpommern der Sechzigerjahre gehört das zu einer ganz normalen Kindheit. Petra Nadolny träumt davon, als rasende Reporterin den Menschen in diesem Staat von der Wahrheit zu erzählen. Doch dann wacht sie auf ... Heute weiß sie, wie schlimm, schön und seltsam das Leben in Honnis Wunderstaat war, und stellt fest: Was du drüben nicht hattest, brauchtest du auch nicht. Außer West-Jeans vielleicht. Oder echten Kaffee. Oder die Freiheit.

Lübbe Paperback